Griechische Mythologie

W0182944

Fritz Graf

GRIECHISCHE MYTHOLOGIE

Eine Einführung

Patmos Verlag

Die Deutsche Bibliothek – CIP-Einheitsaufnahme

Griechische Mythologie
e. Einführung / Fritz Graf. – Neuausg. –
Düsseldorf ; Patmos Verlag
ISBN 3-491-69041-2

© 1985 Artemis & Winkler Verlag, 5. Auflage 1999
© ppb-Ausgabe 2001 Patmos-Verlag GmbH & Co. KG
Alle Rechte, einschließlich derjenigen des auszugsweisen
Abdrucks sowie der fotomechanischen und elektronischen
Wiedergabe, vorbehalten.
Umschlagmotiv: Die Opferung der Iphigenie; Fresko aus dem Haus des
tragischen Dichters in Pompeji; Neapel, Museo Archeologico Nazionale
Umschlaggestaltung: Meike Harms
Druck und Bindung: Pustet, Regensburg
ISBN 3-491-69041-2
www.patmos.de

INHALT

EINLEITUNG

Ein Definitionsversuch

Was ein Mythos ist, glaubt man zu wissen, ihn jedenfalls leicht erkennen zu können. Geschichten sind es wie die von Orpheus, Oidipus oder der schönen Helena, die zum europäischen Bildungserbe gehören, aber auch ihre Entsprechungen haben können bei Ägyptern und Germanen, Indianern und Buschmännern. Man weiß auch, daß der Ausdruck aus dem Griechischen kommt: daß der griechische Mythos damit weithin bestimmt hat, was als Mythos zu gelten hat, macht man sich oft weniger bewußt. Doch waren es vor dem Entstehen der Ethnologie weitgehend Altertumskundler, Gräzisten, die sich mit dem Mythos wissenschaftlich abgaben.

Eine einigermaßen befriedigende Definition von Mythos ist dennoch nicht leicht zu finden, gerade der intensiven wissenschaftlichen Arbeit von gut zweieinhalb Jahrhunderten wegen: zu viele Definitionen sind vorgeschlagen und wieder abgelehnt worden. Als Ausgangspunkt kann man vielleicht die banalste, unumstrittenste nehmen: Mythen sind traditionelle Erzählungen, *traditional tales*. Daß der Mythos eine Erzählung ist, hat schon die Etymologie des Wortes für sich: μῦθος war für die frühen Griechen einfach »das Wort«, »die Geschichte«, synonym zu λόγος oder ἔπος, ein μυθολόγος ist ein Geschichtenerzähler. Erst das Mißtrauen den traditionellen Geschichten gegenüber schränkte die Bedeutung ein: Herodot, der Zeitgenosse der sophistischen Aufklärung, verwendet das Wort zum erstenmal nur noch zur Bezeichnung von unglaubwürdigen Geschichten, und Thukydides grenzt seine in neuem Wahrheitsanspruch erzählte Geschichte ab vom bloß so Erzählten, τὸ μυθῶδες; erst recht die neue

Kunst der platonischen Dialektik setzt sich in scharfer Begrifflichkeit ab, stellt den μῦθοι, die oft Lügen sind, die λόγοι als die dialektisch beweisbaren Aussagen gegenüber. Von daher kommt jene Bedeutung von Mythen als hartnäckig geglaubte, aber unrichtige Ansichten (»der Mythos der Männlichkeit«), die das Wort im Deutschen auch hat.

Freilich ist der Mythos eine besondere Art Geschichte. Sie fällt nicht mit einem bestimmten Text und nicht mit einer bestimmten literarischen Gattung zusammen: wie Klytaimnestra den großen König Agamemnon, ihren Mann, umbrachte, und wie sich ihr Sohn Orestes dann an seiner Mutter rächte, erzählen alle drei großen Gattungen griechischer Literatur, das Epos (prominent am Eingang der *Odyssee*), die Chorlyrik (etwa Stesichoros in der *Oresteia*) und alle drei Tragiker. Der Mythos ist nicht der aktuelle Dichtertext, sondern transzendiert ihn: er ist der Stoff, ein in großen Zügen festgelegter Handlungsablauf mit ebenso festen Personen, den der individuelle Dichter nur in Grenzen variieren kann. Die einzelne Variation, das einzelne Dichterwerk, hat einen Autor, der Mythos nicht: er wird von Generation zu Generation gereicht, ohne daß man von einem Mythenmacher wüßte: eben dies meint ›traditionell‹. Dies gilt selbstverständlich schon für die vorliterarische mündliche Dichtung: auch hier hat die einzelne Variation ihren festen Autor, und gewisse Sänger sind besser, populärer als andere – nur fehlt die Aufzeichnung dieser Variation, die so mit der einmaligen Vorführung wieder verschwindet. Dichterisch ist auch sie: die Sprache der mündlichen Dichtung ist nicht weniger eine Kunstsprache als die der griechischen Literatur. Literarische Nachahmer von Mythen sind sich dieser Traditionalität durchaus bewußt: die Geschichte von Atlantis, Platons persönliche Erfindung, hat angeblich sein Onkel Kritias von seinem, Kritias', Großvater gehört, der sie von seinem Vater hörte: der wiederum erfuhr sie von Solon, und Solon brachte sie aus Ägypten mit, als Stoff für ein Gedicht: die Geschichte verliert sich in zeitlicher und örtlicher Ferne.

Eine selbstverständliche Folge dieser Definition ist, daß der Mythos ohne Verlust von einer Sprache in die andere übersetzt werden kann (Lévi-Strauss nahm dies als Indiz dafür, daß allein die Struktur zähle): jedes Resümee ist derart übersetzbar, im Gegensatz zum einzelnen Dichterwerk, das nie ohne Einbuße übersetzt werden kann. Auch was als Mythen schriftloser Völker in unserer westlichen Literatur erzählt wird, sind weithin solche Resümees: erst in jüngster Zeit ist man darangegangen, etwa schwarzafrikanische aktuelle Mythenerzählungen direkt aufzuzeichnen, und es zeigte sich, daß sie als eine Art musikalisch-dramatisch-narrativen Gesamtkunstwerks gar nicht verlustlos aufgezeichnet, geschweige denn in eine westliche Sprache übersetzt werden konnten.

Der Grund für die immer neue Ausformung, der Motor der Tradition sozusagen, ist der Anspruch des Mythos auf Verbindlichkeit: er will Gültiges aussagen über die Entstehung der Welt, der Gesellschaft und ihrer Institutionen, über die Götter und ihr Verhältnis zu den Menschen, kurz über alles, was die menschliche Existenz bestimmt. Ändern sich die Umstände, ändert sich auch der Mythos: in dieser immer neuen Anpassung an die jeweiligen Ansprüche zeigt sich eben seine Lebensfähigkeit; solche Anpassungen sind in schriftlosen Kulturen, in mündlicher Dichtung gut belegt, finden sich aber auch im frühen Griechenland. Die Krise des Mythos bei den Griechen kam eben in dem Moment, wo die Verbindlichkeit seiner Erzählung durch die neue kritische Rationalität in Frage gestellt wurde, und wo zugleich immer stärker die einmal dichterisch gestaltete Version an die Stelle der fließenden, immer neu erzählten Tradition trat. Doch lebte auch später der Wahrheitsanspruch weiter – noch die Rhetorenschule definierte Mythos als ›irreführende Erzählung, welche die Wahrheit abbildet‹, und bis ans Ende der Antike (und darüber hinaus) versuchten allegorisierende Interpreten, unter der Oberfläche der überkommenen Erzählungen philosophische oder physikalische Wahrheiten zu finden und so die Verbindlichkeit des Mythos aufrechtzuerhalten. Und selbst Platon, der ihn doch resolut aus dem Bereich der Wahrheit ausschließt, traut dem Mythos wenigstens Aussagen in jenem Bereich zu, wo die dialektische Beweisführung nicht hinreicht.

Doch ist die Verbindlichkeit des Mythos eine andere als die der philosophischen Aussage: die letztere gilt für jeden, der sie rational nachrechnend für sich bestätigen kann – das schränkt die Gültigkeit ein auf den Philosophierenden, weitet sie aber zugleich in Ort und Zeit aus: jederzeit und überall kann ein Einzelner für sich die Verbindlichkeit einer philosophischen Aussage erfahren. Der Mythos aber gilt allein für eine in Ort und Zeit festumrissene Gemeinschaft, in deren Tradition er ausgeformt wird. Damit zusammen geht der soziale Ort der Mythenerzählung. Platon trennt zwischen »größeren« und »kleineren« Mythen: die kleineren werden von Müttern, Großmüttern, Ammen erzählt, die größeren von den Dichtern (*Staat* 377 C). Der Unterschied ist vor allem einer des Anlasses: Ammen und Großmütter erzählen Geschichten, wenn es sich gerade gibt, die dichterische Mythenerzählung der Griechen bis zu Euripides ist öffentlich und an feste, rituelle Anlässe gebunden. Tragödien werden erst nur an den Dionysia, am städtischen Fest des Dionysos, aufgeführt; Chorlieder sind an Götterfeste oder Siegesfeiern gebunden, die ihrerseits nicht private Feiern sind, sondern solche des Genos, der Phyle oder der Polis; Epenrezitation findet zumindest in nachhomerischer Zeit ebenso vor allem an festen Anlässen statt: Homer wird in Athen an den Panathenäen rezitiert, Hesiod trug an der Totenfeier eines euböischen Adligen vor; selbst die Einzellyrik ist derart eingebunden, Archilochos und Alkaios vor allem ans Symposion, das das Gepräge einer rituellen Veranstaltung hat, Sappho an die Riten ihres Mädchenthiasos. Noch mehr: oft genug hat der

Vortrag den Rahmen eines Wettkampfs, wie die Tragödienaufführung oder der Rhapsodenagon: die einzelne, dichterische Variation des traditionellen Mythos wird der Zensur des Kollektivs unterworfen: es ist das Urteil der Gruppe, welches die Flexibilität des mythischen Stoffes beschränkt – Euripides, der am weitesten von der Tradition abwich, siegte auch am seltensten. Die historisierende, alles Unwahrscheinliche rationalisierend tilgende Umerzählung der Mythen setzt im Prosabuch ein, das Hekataios von Milet schreibt und das der direkten Zensur der Polis oder Gruppe entzogen ist; ebenso emanzipieren sich die Philosophen und nachklassischen Dichter von dieser Kontrolle.

Um Mißverständnissen vorzubeugen: es soll jetzt nicht jene alte, auch in diesem Jahrhundert vertretene These wiederbelebt werden, daß der Mythos Dichtung sei, ›eine ästhetische Schöpfung der menschlichen Phantasie‹ (Richard Chase). Wohl aber sind bei den Griechen und darüber hinaus die sprachlichen Darstellungen der mythischen Stoffe solche ästhetischen Schöpfungen in bewußt stilisierter Sprache und Form, zumindest soweit sie allgemeine Gültigkeit beanspruchen: über die Herkunft der Mythen (im Gegensatz zur Mythenerzählung) ist damit noch nichts gesagt. Auch wird prosaisch-alltägliche Erzählung ohne Bindung an feste Institutionen nicht ausgeschlossen: das wären eben Platons Ammen und Großmütter, die aber gerade nicht den Anspruch auf Verbindlichkeit erheben, sondern ihre Geschichten zur Unterhaltung und gelegentlichen Erziehung berichten. Gewiß können wir kaum mehr ahnen, in welcher Form jene – weitgehend mündliche – Mythenerzählung der archaischen Jahrhunderte ablief, die sich in unseren erhaltenen Texten nicht manifestiert hat – einen Hinweis mag immerhin eine Nachricht aus Arkadien, der archaischsten griechischen Provinz, geben: Polybios berichtet (4,20,8), daß noch zu seiner Zeit die arkadischen Kinder ›von klein auf die Hymnen und Paiane zu singen gewöhnt werden, mit denen sie nach Vätersitte die einheimischen Heroen und Götter besingen‹: hier ist eben die dichterische Ausformung der mythischen Stoffe das Vehikel der Tradition, die von Generation zu Generation getragen wird: die Jungen lernen die Hymnen nicht nur, sondern singen sie doch wohl auch im Rahmen der gemeinsamen Götter- und Heroenfeste.

Die Forschung hat sich oft schwer getan damit, Mythos von anderen traditionellen Erzählungen – Sage, Legende, Märchen, Fabel – abzugrenzen. Nicht in allen Fällen ist eine Abgrenzung nötig oder möglich. Den Begriff *Sage* verwendet die deutsche Sprache einigermaßen synonym mit Mythos: die bekannteste Sammlung griechischer Mythen ist Gustav Schwabs *Die schönsten Sagen des klassischen Altertums,* die einflußreichste Behandlung germanischer Sagen Jacob Grimms *Germanische Mythologie*: Grimm benutzt die beiden Termini manchmal gleichberechtigt, scheint gelegentlich *Mythus* (wie er schreibt) auf die Antike beschränken zu wollen. Wenn getrennt wird, so nach Kulturzugehörigkeit: die eigenen Erzählungen sind Sagen (»Walliser Sagen«, »Tiroler Sagen«), die fremden Mythen. Dasselbe gilt für *Legenden*: lose verwendet, ist der Ausdruck synonym mit Mythos, im engeren Sinn sind Legenden die Erzählungen von den christlichen Heiligen: wieder steht Eigenes, Christliches gegen Fremdes, Heidnisches.

Eine Abgrenzung vom *Märchen* ist eher möglich. Die Kategorien erscheinen zwar durchlässig: die meisten Bände der *Märchen der Weltliteratur* enthalten Geschichten, die anderswo als Mythen bezeichnet werden, und antike Mythen können in nachantiken Märchen wieder auftauchen, wie sie sich auch als Märchen erzählen lassen – etwa die Geschichte vom wandernden und heimatlosen »Schwellfuß« (Oidi-pus, mit einem für solche Erzählungen typischen Namen), der ein Königreich von einem Ungeheuer, der Sphinx, befreit und dadurch Thron und Königin gewinnt: das fügt sich restlos in das für russische

Märchen entwickelte Strukturschema von V. Propp. Wenn moderne Forscher hier von Märchenmotiven im Mythos sprechen, gehen sie dem Definitionsproblem einfach aus dem Weg. Der Unterschied liegt in der Verbindlichkeit: das Märchen erhebt keinen solchen Anspruch, ist deshalb außerhalb fester Orte und Zeiten angesiedelt. ›Es war einmal eine Königstochter, die ging in den Wald‹, beginnt die Grimmsche Sammlung. Der Mythos dagegen spricht von einem bestimmten Ort (Theben im Fall des Oidipus) und zumindest bei den Griechen auch von einer festen Zeit, zwei Generationen vor dem troianischen Krieg. Die Märchenerzählung ist entsprechend auch nicht in ein Kollektiv eingebunden, ist informell; man mag die »kleineren Mythen« Platons Märchen nennen, wenn man will – da keine solchen Märchentexte aus der Antike erhalten sind, läßt sich das nicht nachprüfen. Das einzige literarisch überlieferte antike Märchen, dasjenige von Amor und Psyche, ist jedenfalls markant anders, auch wenn es dem festen Typus des Märchens vom »Tierbräutigam« zugehört: hinter Amor und Psyche, den Personifikationen von Liebe und Seele, und hinter Psyches Tochter *Voluptas*, »Lust«, stehen platonisierende Vorstellungen der hellenistischen Philosophie; andererseits hat die Geschichte einen Götterapparat wie ein guter Mythos. Vielleicht ist es besser, die Kategorie Märchen für die Antike wie für außereuropäische Kulturen überhaupt nicht zu benutzen, im Märchen in seiner besonderen Form und gesellschaftlichen Funktion ein Produkt der nachantiken europäischen Geistes- und Sozialgeschichte zu sehen.

Eine Sonderstellung nimmt die *Tierfabel* ein. Die Griechen hatten einen besonderen Ausdruck dafür, αἶνος, doch schon Aristoteles spricht von den Αἰσώπου μῦθοι, den Mythen des Aesop; später diskutierte man, ob nicht die aesopische Fabel mit ihrer einfachen moralischen Botschaft überhaupt die beste Art von Mythos sei. Ist die Fabel nicht simpel-moralisierend, ist sie kaum vom Mythos unterscheidbar: Ibykos und Sophokles erzählten, wie einst Zeus einem Esel den Auftrag gab, das Kraut der Alterslosigkeit den Menschen zu bringen, als Lohn für ihre Hilfe im Kampf gegen Prometheus; der Esel hatte unterwegs Durst und wollte aus einer Quelle trinken, die Schlange, welche die Quelle hütete, forderte als Entgelt die Last, die der Esel trug – eben das Kraut: deshalb altern die Menschen, nicht aber die Schlangen. Esel und Schlange als Hauptpersonen: das sieht nach Tierfabel aus; doch hat die Geschichte keine simple Moral, es geht um die Erklärung einer menschlichen Grundbefindlichkeit – kein Wunder, daß das Motiv sich schon im *Gilgamesch-Epos* findet: Gilgamesch hat unter vielen Mühen das Kraut der Unsterblichkeit gefunden, verliert es aber bei seiner Rückkehr an die Schlange. Der Unterschied liegt nicht in der Verwendung von Tieren: er liegt einmal darin, daß die Fabel gewöhnlich eine Geschichte stracks auf die Moral ausrichtet – Fabeln sind entsprechend viel leichter zu erfinden, wie Lessing demonstriert. Zudem fehlt der Fabel jener formale Vortrag, der die Mythenerzählung auszeichnet, es gibt auch keine Agone des Fabelvortrags – bezeichnend, daß die Einordnung der Fabel unter die Mythen erst zu einer Zeit erfolgt, als der alte Mythos seine soziale Funktion eingebüßt hat, von den meisten antiken Deutern als moralische Geschichte verstanden wird.

I

Die Entstehung der Wissenschaft vom Mythos

Der neuzeitliche Begriff des *Mythos* (oder, latinisiert, *Mythus*) und mit ihm die Grundlegung der mythologischen Forschung nicht nur in Deutschland geht auf CHRISTIAN GOTTLOB HEYNE (1729–1812), den Begründer einer umfassenden Altertumswissenschaft, zurück. In seiner Jugend Kollege Winckelmanns in der Bibliothek des Grafen Heinrich von Bruehl bei Dresden und von daher mit Winckelmanns neuem Enthusiasmus für die Altertümer vertraut, wurde er 1763 auf den Lehrstuhl für Griechisch in Göttingen berufen: von hier aus formte er für fast ein halbes Jahrhundert wirkungsvoll das Bild, das das gebildete Deutschland von der Antike hatte, in einer Zeit, als die griechische Welt das geistige Leben Deutschlands in bisher unbekannter Intensität prägte. Zeit seines Lebens stand der Mythos dabei im Mittelpunkt von Heynes Interessen – seine erste Ansprache vor der Göttinger Akademie legt programmatisch seine Ansichten vor, eine seiner letzten Abhandlungen faßt die Prinzipien seiner Hermeneutik stichwortartig zusammen.

Heyne kam als Erklärer antiker Texte zum Mythos, so wie er zu Geographie, Astronomie, Geschichte der Antike kam: antike Texte sind voller Anspielungen auf Mythen, haben oft Mythen überhaupt zum Inhalt: also muß man den Mythos verstehen. Das nimmt den Mythos grundsätzlich ernst – und eben dazu prägt Heyne den Terminus *mythus*, um sich abzusetzen von den *fabulae, fables* seiner Zeitgenossen und Vorgänger, wo immer auch der Unterton der Ablehnung einer erfundenen und absurden Geschichte mitschwang.

Verstehen hieß: begreifen, woher der Mythos kam. Für Heyne gehört er in die Frühzeit, die Kindheit der Menschheit: einen Eindruck von dieser Kindheit aber können uns die zeitgenössischen Wilden geben (entsprechend widmet Heyne ihnen 1779 eine eigene, ethnologische Abhandlung). Doch ist der Mythos nicht bizarre Erfindung dieser ersten Menschen, sondern naturgemäß und mit Notwendigkeit entstanden, sobald jene Menschen, von Bewunderung oder Angst vor der Natur ergriffen, Erklärungen suchten, oder sobald sie dankbar die großen Taten hervorragender Menschen beschreiben und loben wollten – Mythos hat mithin Naturerklärung oder geschichtliche Erinnerung zum Inhalt (in der Praxis ist für Heyne die Naturerklärung weit wichtiger): und weil die Natur dieser Menschen emotional und unreflektiert, ihre Umwelt wild und vor allem ihre Sprache rudimentär und unbehilflich war und sich nur sinnlich-konkret ausdrücken konnte, entstand naturgemäß die bildhafte, konkrete und anschauliche Form des Mythos. Später wird dann die Dichtung bewußt diese übernehmen und mit dem mythischen Inhalt auch eine davon abgeleitete Sprache pflegen, seit der archaischen Dichtung der Griechen bis hin zu Pindar und Aischylos.

Freilich reduziert Heyne den Mythos keineswegs auf eine besondere Aussageweise, auf seine epistemologische Seite: er ist zugleich an die religiöse Entwicklung des Menschen gebunden. Ohne daß der Mythos dabei mit der Religion zusammenfällt: Heyne hält die beiden voneinander getrennt – doch die Reaktion der Menschen auf ihre natürliche Umwelt, die den Mythos provoziert, hatte ebenso die Verehrung von Steinen, Bäumen und anderen unbelebten Dingen (Heyne nennt dies, im Gefolge der 1760 vom Président de Brosses in Genf veröffentlichten Studie *Du culte des dieux fétiches* schon in seiner Abhandlung *De caussis fabularum seu mythorum physicis* von 1764 Fetischismus), dann der Gestirne zur Folge, die Reaktion auf die Taten großer Menschen den Heroen- und Götterkult: der Mythos begleitet mithin das Ritual als paralleler Ausdruck, beide haben nur im Begriff des Göttlichen, ϑεός, einen gemeinsamen Ausgangspunkt, und Heyne bezeichnet nachdrücklich das Ritual und nicht den Mythos als essentiell für die Religion: die mythische Ritenerklärung, die Aitiologie, sei erst spät entstanden.

Wenn die natürliche Umwelt sich im Mythos niederschlägt, weil diese unwirtliche Welt den mythenschaffenden Geist prägte, müssen sich die Mythen entsprechend ihrer Umwelt unterscheiden: Heyne betont die nationale Eigenheit der einzelnen Mythengruppen; ebenso schlagen sich die immer wieder verschiedenen historischen Erfahrungen in den Mythologien der einzelnen Völker verschieden nieder. Die griechische Mythologie ist uns außerdem nicht in ihrer primitiven Form erhalten, sondern als komplexes historisches Konglomerat von Altem, Neuerfundenem, von außen Eingeführtem, das sich im Lauf der Jahrhunderte griechischer Kultur ständig verändert: mit an dieser Veränderung arbeiten die Dichter, vor allem die Tragiker. Der Deuter des Mythos, der seine Deutung aus der ältesten Form des Mythos nimmt, hat sich erst mit Hilfe der philologisch-historischen Kritik mühsam durch die Verzerrungen und Überlagerungen zurückzuarbeiten.

Die Einsicht in die nationale und lokale Gebundenheit des Mythos teilt Heyne mit JOHANN GOTTFRIED HERDER (1744–1803), mit dem er in engem geistigen und freundschaftlichem Austausch stand: es ist nicht immer einfach, festzustellen, ob eine bestimmte Ansicht zuerst Heyne oder der weit unsystematischere Herder geäußert hat – Heynes Mythenbegriff stand jedenfalls 1763 in den Grundzügen bereits fest, bevor Herder zu publizieren begann. Daß Mythen an bestimmte Völker gebunden sind, war jedenfalls ein Lieblingsgedanke Herders, und in seinem (erst postum veröffentlichten) Tagebuch einer Reise im Jahre 1769 geht er gar so weit, zu behaupten, daß umgekehrt Homers *Odyssee* eigentlich nur an Bord eines Schiffes völlig verstanden werde; hier stellt er auch neben die zeitgenössischen Wilden die einheimischen »Primitiven«, in seinem Fall die rauhen und durch keine Zivilisation verdorbenen Seeleute als Analogie zum mythenschaffenden Geist der Frühzeit. Vom Philologen Heyne trennt ihn die sozusagen sympathetische Hermeneutik, die in der Passage über die *Odyssee* zum Ausdruck kommt. Es trennt ihn auch die Ansicht über das Verhältnis von Mythos und Dichtung: war für Heyne Dichtung erst nach dem Mythos, freilich aus den spezifischen Sprachformen und mit den spezifischen Inhalten des Mythos, entstanden, so läßt Herder Mythos, Sprache, Dichtung und Religion in eins fallen: der frühe Mensch gibt seinem religiösen Fühlen Ausdruck, indem er zu reden beginnt: dieses Reden hat die Form von Poesie, den Inhalt von Mythos. Der Mythos ist also nicht ein Versuch, eine Bewunderung oder Angst erregende Umwelt zu erklären, sondern eine von der Umwelt stimulierte, eigengesetzliche Reaktion des menschlichen Geistes: er ist nicht Allegorie, sondern Symbol. In vielem ist Herder (wie Heyne) dabei einerseits dem englischen Theologen ROBERT LOWTH verpflichtet, der in seinen Oxforder Vorlesungen, welche 1753 in Göttingen im Druck erschienen waren, das Alte Testament als Dichtung mit denselben literarhistorischen Kriterien analysiert hatte wie eine heidnische antike Dichtung – wobei aber der Theologe Herder, anders als der Philologe Heyne, das Alte Testament direkt an die Anfänge der Menschheit zurücknimmt und nicht als Entwicklung aus alten Mythen ansieht. Zum anderen war Herder, wie viele seiner Zeitgenossen, durch die Entdeckung der nordischen *Edda* (1753) und des schottischen *Ossian* (1760–1763) tief beeindruckt: hier schienen gewaltige und urweltliche Mythen in bereits poetischer Form vorzuliegen, Mythen zudem, die vom antiken Mittelmeerraum völlig unabhängig waren: das war der eindrückliche Beleg sowohl für die urtümliche Einheit von Mythos und Dichtung wie für den lokal-nationalen Charakter des Mythos.

Herder und Heyne stehen freilich durchaus nicht am Anfang des Nachdenkens über den Mythos im neuzeitlichen Europa. Bis ans Ende des 17. Jahrhunderts hatte die allegorische Mythendeutung dominiert: hinter den Mythen sah man anderes, moralische oder physikalische Wahrheiten versteckt. Allerdings hatten schon die ersten Entdecker bei den Wilden Amerikas und Afrikas Sitten und Erzählungen gefunden, die denen der antiken Überlieferung ähnlich sahen, und die Reiseschriftsteller und Missionare des 16. und 17. Jahrhunderts pflegten ihrem gebildeten europäischen Publikum die neuentdeckten Seltsamkeiten durch Vergleich mit Antikem zu illustrieren: es war nur eine Frage der Zeit, bis der Sinn für die heuristische Funktion der Umkehrung dieses Vergleichs geweckt, bis Antikes mit Primitivem erklärt wurde. Auslöser war einmal die berühmte *Querelle des Anciens et Modernes*: für die *Modernes* kam die Herabsetzung der Antike, die sich aus ihrem Vergleich mit den Wilden ergab, sehr gelegen. Zudem war das geistige Klima der Aufklärung wie allem Allegorischen so auch der Mythenallegorese abhold. Und schließlich gefiel die Herabsetzung besonders des griechischen Mythos, der zu einer bizarren Lügengeschichte erklärt wird, den Rationalisten: hier war die absurde Seite der Religion besonders deutlich faßbar; ein Mann wie PIERRE BAYLE hat denn auch in seinem *Dictionnaire Historique et Critique* von 1697, einem Grundbuch der Aufklärung, durchaus Spaß daran, Mythen als Absurditäten darzustellen.

Konstruktiv und fruchtbar wurden diese Ansätze in einem Traktat, den man ohne Übertreibung den Grundstein der modernen Mythologie nennen kann, die Abhandlung *De l'origine des fables* von BERNARD DE FONTENELLE (1657–1757), dem Neffen Corneilles, veröffentlicht 1724, geschrieben vermutlich schon um 1690. Den Anstoß zu seinen Überlegungen gab ihm der scheinbar absurde Charakter der griechischen Mythen, oder wie er sie nennt, der ›fables‹ – ein Wort, das dem ursprünglichen griechischen Gebrauch von μῦθος, dem lateinischen von *fabula* entspricht: sie sind ›nichts als eine Sammlung von

Chimären, Träumen und Absurditäten‹. Anders aber als Zeitgenossen wie Pierre Bayle, die wegen dieser Absurdität den Mythos verwarfen, anders auch als die antiken Philosophen, die mit Hilfe der Allegorese die Anstößigkeit in einem tieferen Sinn aufhoben (s. Kapitel VIII), sucht Fontenelle eine historische Erklärung: man muß den Mythos von seinem Ursprung her verstehen, er ist ein Produkt der ersten Menschen, deren besondere geistig-seelische Beschaffenheit der Mythos wiedergibt – dieselbe Antwort werden, an die zwei Jahrhunderte später, Andrew Lang und Lucien Lévy-Bruhl geben. Und wie sie rekonstruiert Fontenelle die »mentalité primitive« mit Hilfe der rezenten Wilden: unglaublich ›unwissend und primitiv‹, wie die ›Kaffern, Lappen und Irokesen‹, stand der frühe Mensch einer unbekannten Natur gegenüber und versuchte sie sich zu erklären; die Mittel zur Erklärung nimmt er aus seiner Umwelt, und weil diese beschränkt ist auf seine allzu unmittelbarsten Erfahrungen, wird die Erklärung ebenso beschränkt: an der Quelle des Flusses stellt man sich jemanden vor, der Wasser schöpft, nur tut er dies unaufhörlich und in übermenschlichen Quantitäten – damit ist der Flußgott erdacht. Eingeborene Fabulierfreude und Hang zur Übertreibung – beides auch bei Wilden zu sehen – tragen das Ihre zur phantastischen Ausgestaltung bei.

Damit hat Fontenelle ein heuristisches Konzept entworfen, das bis heute existiert: der Mythos ist aus seinen Ursprüngen zu verstehen, aus der frühen Menschheit. Freilich ist Fontenelle erstaunlich differenziert bei seiner Rekonstruktion der frühmenschlichen Psyche, weit differenzierter als manche seiner Nachfahren: die zeitgenössischen Wilden geben kein genaues Bild der ersten Menschen, auch sie haben Geschichte: der erste Mensch war weit primitiver. Aber seine Mentalität ist nicht grundsätzlich anders als die unsere, es ist keine qualitativ andere Geistigkeit: wie wir, erklärt sich der Frühmensch die Welt aufgrund seiner Erfahrungen – nur können wir unsere

Analogieschlüsse aus einem beträchtlich größeren Arsenal an Erfahrungen ziehen. Hätte auch der Wilde diesen Vorsprung, hätte er es ebensoweit gebracht.

Im selben Jahr 1724, als Fontenelle seine Abhandlung endlich veröffentlicht hatte, erschien ein anderes Werk, das für die Geschichte der Mythologie bedeutsam wurde – das Buch des jesuitischen Indianermissionars FRANÇOIS JOSEPH LAFITAU (1670–1740) mit dem sprechenden Titel *Les moeurs des sauvages Ameriquains comparées aux moeurs des premiers temps* – als Bild der »ersten Zeiten« galten ihm vor allem die kanadischen Irokesen, unter denen er missionierte. Der gelehrte Pater verglich ihre Institutionen und Mythen mit einer bisher noch nie dagewesenen Menge von Institutionen, Gebräuchen und Mythen der antiken Mittelmeerwelt; die Ähnlichkeiten führte er auf den gemeinsamen Ursprung von Indianern und Europäern in den Söhnen Noahs zurück. Weder dieses Ergebnis noch die vergleichende Methode waren neu – die Ableitung von den Söhnen Noahs war geläufig, seit die Parallelen zwischen der Alten und der Neuen Welt nach einer Erklärung verlangten. Bedeutsam wurde Lafitaus Buch vielmehr durch die Menge der verarbeiteten Daten, wodurch es zu dem wurde, was Frazers *The Golden Bough* in unserem Jahrhundert war – für den Laien eine eingängige und spektakuläre Darstellung einer für ihn neuen Methode und ihrer Ergebnisse, für den Spezialisten eine gewaltige Quelle an Detailinformation.

Weder Lafitau noch Fontenelle beschäftigten sich explizit mit der Deutung von Einzelmythen; sie war die Domäne einer großen Anzahl von Forschern, die sich nur darin einig waren, daß der Mythos auf etwas zu reduzieren sei, was außerhalb seiner liegt. Die Allegorese kam dabei rasch aus der Mode, immer populärer wurde der Euhemerismus: man führte die Mythen auf historische Ereignisse zurück. Schon Euhemeros von Messene hatte zu Beginn der hellenistischen Zeit die griechischen Götter als historische Fürsten dargestellt (s. Kapitel VIII).

Nur wenige Mythologen wichen davon ab und öffneten den Weg zu seiner Überwindung – am wichtigsten sind wohl Hume in England, Fréret in Frankreich, Vico in Italien. Am schwersten abzuschätzen ist die Bedeutung von NICOLAS FRÉRET (1688–1749): seit 1714 Mitglied der Académie des Inscriptions et Belles-Lettres, von 1742 an ihr ständiger Sekretär, lebte sein Einfluß von seinen Akademievorträgen und seinen persönlichen Kontakten: er dürfte größer sein, als sich direkt nachweisen läßt. Auch Fréret steht auf Fontenelles Schultern, gibt sich aber vor allem mit der Einzeldeutung ab. Auf geschichtliche Ereignisse läßt sich nur ein geringer Teil der Mythen reduzieren, der wichtigere Teil – ›assemblage confus de merveilles et d'absurdités‹ – besteht aus ethischen und physikalischen Welterklärungen, und aus reinen Phantasieprodukten: die bizarre Form ist Produkt des ›génie national des Grecs‹ (das erinnert an Herder, der im Jahre 1769, nach Frérets Tod, in Paris war) und macht eine sichere Einzelanalyse in vielen Fällen unmöglich. Phantasie ist mithin für Fréret eine der Quellen der Mythen; Spätere werden sie zum formenden Prinzip machen. Auch die aus Geschichte entstandenen Mythen hebt Fréret vom geläufigen Euhemerismus ab: sie spiegeln nicht individuelle Ereignisse, sondern kultur- und religionsgeschichtliche Prozesse. Hesiods drei Göttergenerationen – die erste unter Uranos und Gaia, die zweite unter Kronos und Rheia, die dritte unter Zeus – reflektieren die Abfolge dreier theologischer Systeme der frühen Griechen, und die schon homerische Sage, daß der thrakische König Lykurgos den jungen Dionysos und seine Maenaden verfolgt, malt den Widerstand der Bewohner Nordgriechenlands gegen die Einführung des Dionysoskultes. Nichts zeigt besser, wie modern und wie vergessen Fréret war, als daß diese Deutung mehr als ein Jahrhundert später von Erwin Rohde wieder aufgebracht wurde und bis in die gegenwärtigen Handbücher hinein weiterlebt – unter Rohdes, nicht Frérets Namen.

Deutlicher in ihrer Wirkung sind Hume und Vico. Der Neapolitaner GIAMBATTISTA VICO (1668–1744) veröffentlichte 1725 die erste Auflage einer neuen Grundlegung der Wissenschaft, *Principi di una Scienza Nuova;* zwei weitere, überarbeitete Editionen folgten 1730 und 1744. Mythos ist für Vico die erste Äußerung des von der geoffenbarten Religion abgefallenen Menschen, entstanden nicht zur Naturerklärung, sondern aus dem Erwachen des Menschen in Angst vor dem Göttlichen. Dabei projiziert der Mensch seine eigenen, urtümlichen und gewaltigen Leidenschaften auf die realen Körper, die ihn umgeben: Mythos ist mithin entstanden ›aus der Furcht der Menschen vor sich selber‹. Die Form, die der Mythos annimmt, ist zuerst ein stummes Zeigen auf die ›göttlichen Substanzen‹ (das griechische μῦθος ist ihm mit lateinisch *mutus* verwandt und die Götter sind gut naturallegorisch die realen Dinge der Welt); sobald der Mythos Sprache wird, wird er Dichtung, denn die ersten Menschen sind sinnlich und imaginativ – Vico leitet dies nicht aus der Beobachtung von exotischen Wilden ab, sondern, wie später Herder, aus derjenigen der Wilden zuhause, in seinem Falle der Bauern des Cilento.

Wie für Vico ist auch für DAVID HUME (1711–1776) der Mythos nur ein Teilinteresse in einem größeren philosophischen Gebäude: in *The Natural History of Religion* von 1757 ist Mythos wichtig als Beginn von Religion und zugleich als Indiz für die psychischen Kräfte, die ihn, absurd wie er ist, möglich machten: der Mythos entsteht wie die Religion aus der Angst des Menschen, die die unheimliche Umwelt zu gewaltigen Personen macht; daran schließt sich leicht die Vergöttlichung hervorragender Mitmenschen an. Wichtig ist dies eigentlich nur deshalb, weil Heyne direkt daran anknüpft, und weil Mythos deutlicher als bisher nicht um seinetwillen studiert wurde, sondern um der Einsicht in menschliche Psychologie willen.

Dies sind die Vorgänger, auf denen Heyne und Herder

aufbauen: vorgegeben ist schon vieles, nicht nur die Ansicht, daß der Mythos in die Frühzeit der Menschheit gehöre, als der Mensch noch wie ein Wilder oder, wie nun auch öfters gesagt wird, wie ein Kind dachte. Neu ist vor allem der Ernst und die Sympathie dem Mythos gegenüber: er ist nicht mehr bizarres und absurdes Produkt des wilden Denkens; Heyne steht ihm zwar distanziert, doch interessiert gegenüber, Herder versucht, sympathetisch sich in ihn einzufühlen. Die kommenden Generationen bis in dieses Jahrhundert fügen nichts grundsätzlich Neues mehr hinzu.

Herder hatte, vielleicht nach Vico, die erste sprachliche Äußerung des Mythos bereits als dichterische Urworte verstanden: unter dem prägenden Einfluß Goethes entwickelt KARL PHILIPP MORITZ (1756–1793) in seiner *Götterlehre oder mythologische Dichtungen der Alten* von 1791 den Gedanken weiter. Mythos ist auch ihm ›von Art der Dichtung, Art der Kunst‹, doch nicht unverbindliche ästhetische Schöpfung, sondern die zwingende Antwort der menschlichen Vorstellungskraft auf ›die Macht, die die Welt produziert‹ – keine Rede mehr von Angst und Staunen wie bei Heyne; und auch Herder, der gelehrt hatte, daß neben die Angst das Gefühl für das Göttliche trete, daß die Angst nur der Antrieb der frühmenschlichen Seele sei, sich die Welt zu erklären, ist überwunden. Wenn so nicht die Naturdinge, sondern die sie schaffenden Kräfte dem Mythos zugrundeliegen, ist Allegorese unmöglich: sie zerstört die ästhetischen Bilder, die das Eigentliche des Mythos sind, ›verletzt zugleich das zarte Gewebe der Phantasie und stößt alsdann ... auf lauter Widersprüche und Ungereimtheiten‹. Die Bizarrerien sind die Schuld der Interpreten, nicht die des Mythos. – In der *Griechischen Götterlehre* des Freundes von W. von Humboldt, FRIEDRICH GOTTLIEB WELCKER (1784–1868), unzeitgemäß erst 1857–1863 veröffentlicht, lebt dieser Ansatz weiter; Welckers ›Wiederbelebung der von ihm lebhaft nachempfundenen religiösen Gedanken der Griechen‹ (O. Gruppe) stieß auf Widerhall und Anerkennung gerade beim größten aller klassischen Philologen, Ulrich von Wilamowitz-Moellendorff.

Wenn in der Naturwissenschaft nach Lévi-Strauss nur Reduktion auf anderes oder Strukturanalyse möglich ist, so hat mindestens die Mythologie mit Moritz noch eine dritte Betrachtungsweise hervorgebracht: die des Verzichts auf Analyse zugunsten der bloß ästhetischen Betrachtung. Mythos emanzipiert sich dabei von historischer Religion zugunsten einer diffusen, allgemeinen Religiösität: die Romantiker sind nicht mehr fern. Herder hatte auch gegen Lessing auf der Beibehaltung der antiken Mythen in der gegenwärtigen Dichtung bestanden – nicht als Stoff, sondern als eine Art hermeneutischen Werkzeugs, an dem der Dichter die mythische Weltsicht erlernen könne. Das Programm der Heidelberger Romantiker um die beiden Schlegel schließt hier an: die neuen Dichter wollen aber nicht nur alten Mythos lehren, sie wollen vor allem den neuen Mythos schaffen, eine umfassende Synthese von Mythos, Religion und Kunst – ungeachtet Herders Ansicht, daß Mythos immer eine kollektive Schöpfung sei. Neben den Mythos der Griechen tritt als Richtmaß dabei immer stärker derjenige der Inder.

Nach der nordischen Mythologie von *Edda* und *Ossian* war die indische die zweite nichtmediterrane Mythologie, die das europäische Denken prägte. Iranische und indische Texte waren seit einiger Zeit in westliche Sprachen übersetzt worden – 1771 das *Zend-Avesta,* 1785 das *Bhagavadgita,* 1788 das *Hitopadesa,* 1789 *Sakuntala,* 1801 die *Upanischaden.* Die Texte wirkten uralt und voll von tiefster Weisheit, und die Romantiker bemächtigten sich ihrer – nicht belanglos war auch, daß damit eine Mythologie gefunden war, welche die griechische weit übertraf: vom romantischen Bruch mit der Tradition waren auch die Griechen betroffen. Chronologie und Historie interessierten nicht, wohl aber Sprache, und Friedrich Schlegel lernte schon 1802 Sanskrit.

Die Theoretiker folgten auf dem Fuß, erst J. J. GOERRES (1776–1848), der als Vater des deutschen Nationalismus zu üblem Nachruhm kam, dann vor allem sein Freund und zeitweiliger Heidelberger Kollege FRIEDRICH CREUZER (1771–1858), der mit seiner vierbändigen *Symbolik und Mythologie der alten Völker, besonders der Griechen* (1810–1812) weit stärker als sein Anreger Goerres in die Chronique scandaleuse der deutschen Wissenschaft einging. Anfangs hoch gelobt von den einen, bitter und bösartig bekämpft von andern, hat sich Creuzers Werk bald als das herausgestellt, was es war – von der Geschichtskonstruktion her unhaltbar, und von der Hermeneutik her unwissenschaftlich. Creuzer ging von der historischen Priorität der indischen Mythologie und Religion aus: indische Priester lehrten die primitiven Ahnen der Griechen in symbolischer Form, was sie anders nicht begreifen konnten (›Missionare kommen zu Grönländern‹, umschrieb Karl Otfried Müller): aus mißverstandenen Symbolen werden Mythen. Deuten kann diese Mythen freilich nur, wer von Natur aus dazu begabt ist; eine methodisch klare und nachprüfbare Hermeneutik existiert nicht.

Doch lag Creuzer nicht einfach richtig im Zeitgeist, wie unser Erich von Daeniken. Er hatte die Schwierigkeit erkannt, die sich daraus ergab, daß zwar immer weniger der Mythos als bloße Allegorie verstanden wurde, daß aber noch immer die Dinge der Natur und die Ereignisse der Geschichte als letzter Anlaß angenommen wurden – dies blieb gefährlich nahe an Allegorese und Euhemerismus. Creuzer versucht eine radikale Lösung und setzt an die Stelle der Natur die artifiziellen Symbole der indischen Missionare – Spätere werden in der Tiefe der menschlichen Psyche suchen. Zudem wurde mit Creuzers Symbolismus ein wichtiger Neuansatz verworfen. Schon Heyne und Herder hatten den Mythos eng mit der Sprache verbunden, seine spezifische Form aus den Bedingungen der primitiven Sprache abgeleitet; Creuzer (wie etwa auch Friedrich Schlegel) versteht den Mythos als eine eigene

Sprache, als symbolische Ausdrucksform, und er stellt sich die Aufgabe, analog zur Grammatik der Sprache eine solche des Mythos zu erarbeiten. Verhängnisvoll war freilich, daß er praktisch bei der Etymologie stehenblieb, und dies zudem, ohne erst die Lautgesetze zu erarbeiten.

Im übrigen war spätestens bei ihrem zweiten Erscheinen (1819) die Symbolik überholt: die Reaktion gegen die *Indiamania* hatte eingesetzt. Sein Sanskritstudium hatte Friedrich Schlegel desillusioniert und ihn dazu gebracht, die indische Mythologie auf gesündere philologische und historische Basis zu stellen: sein 1808 erschienenes Buch *Über die Sprache und Weisheit der Indier* markiert nicht nur seine persönliche Abkehr von der Romantik, es begründet auch die Indogermanistik, deren Fortschreiten zu so verschiedenen Mythendeutungen wie derjenigen von Max Müller im letzten und von Georges Dumézil in diesem Jahrhundert führen sollte.

Der bedeutendste Mythologe des 19. Jahrhunderts war wohl der Altertumswissenschaftler KARL OTFRIED MÜLLER (1797–1840), in seiner Wirkung Heyne vergleichbar, dessen Göttinger Lehrstuhl er seit 1819 innehatte. Seine Wirkung geht vor allem auf die *Prolegomena zu einer wissenschaftlichen Mythologie* von 1825 zurück, deren Anspruch aus dem Titel der englischen Übersetzung von 1840, *Introduction into a Science of Mythology,* noch deutlicher wird. Trotz des umfassenden Titels konzentrierte sich Müller praktisch ausschließlich auf den griechischen Mythos und begründete damit dessen Stellung als Mythos par excellence, die das Jahrhundert weithin beherrscht.

Müller verarbeitet das reiche Erbe des 18. Jahrhunderts. Mythos ist auch ihm notwendiger Ausdruck einer frühen, kindlichen Menschheit – nur wird dies nicht abgewertet; jede Epoche hat ihren eigenen Wert und ihre eigene Würde, hatte schon Herder gelehrt. Mythos und Dichtung folgen einander, wie schon bei Heyne; dem Philologen baut Homer, der erste faßbare Dichter, auf langer mythischer Tradition auf. Der Mythos ist interpretierbar (deswegen die ›wissenschaftliche Mythologie‹): Interpretation heißt nach wie vor das Verständnis seines Anlasses. Dieser liegt einerseits im ›Idealen‹, der menschlichen Vorstellungskraft, andererseits im ›Realen‹, der physischen und historischen Umwelt des Menschen, die durch den Schleier der mythenbildenden Phantasie hindurch erfaßbar bleibt. Dabei wird das Verhältnis von Mythos und Geschichte neu und differenziert gesehen: wie bei den Euhemeristen, können auch bei Müller historische Anlässe Mythen bilden – vor allem aber schlägt sich jede historische Epoche in einer spezifischen Form des Mythos nieder. Die Mythen der feudalen Gesellschaft Homers sehen anders aus als diejenigen der einfachen Ackerbauern der Vorzeit, mit ihrem Interesse an Fruchtbarkeit und am Jahreslauf – dieser ersten Schicht gehört etwa der Mythos von der »Erdmutter« Demeter und ihrer Tochter »Kora, der Göttin der aufblühenden sowohl als der hinwelkenden Natur« an, zur homerischen Welt gehören die Mythen von der olympischen Adelsfamilie um König Zeus. Neben die neue Aufmerksamkeit auf die historischen Umstände, in der sich der Historismus vorbereitet, stellt sich diejenige auf die lokalen und politischen Gegebenheiten – eine Sensibilität, zu der die deutsche Kleinstaaterei und der Wunsch nach politischer Vereinigung beigetragen haben mögen. Schon Herder hatte den Mythos lokal in die Vergangenheit eines bestimmten Volkes eingebunden; Heyne hatte die Untersuchung der griechischen Lokalmythen gefordert. Hier schließt Müller an: nicht einfach jedes Volk, sondern jeder Ort hat seine eigene Mythologie, und die Verbreitung und letztliche Systematisierung der griechischen Mythologie geht einher mit der politischen Vereinheitlichung von der Sippe zum Stamm und zur Nation. Doch wie sich die Mythen der früheren Ackerbauern auch in späteren Epochen halten, vielleicht ›sehr entstellt und verdunkelt‹, so diejenigen der früheren territorialen Gruppen. Die Mythendeutung wird so zum

Instrument der Frühgeschichte, wie Müller selber nachhaltend in den *Geschichten hellenischer Stämme und Städte* zeigen konnte – die Methode hat sich noch in Fritz Schachermeyrs *Die griechische Rückerinnerung* von 1983 nicht grundlegend geändert.

Wenn so das aufklärerische und romantische Erbe übernommen und zu einer Synthese verarbeitet wird, die zur historisch und wissenschaftlich gestimmten Zukunft des Jahrhunderts weiterführt, geht das nicht ohne Abstriche: auf der Strecke bleibt vor allem das Verhältnis von Mythos und Sprache. Müller trennt völlig – ›nächst der Bildung der Sprache ist die Religion die erste geistige Tätigkeit des Menschen‹, an die sich der Mythos anschließt, schreibt er: davon, daß die Form der Sprache die Form des Mythos determiniert, ist keine Rede mehr. Gerechnet wird höchstens noch damit, daß sprachliche Mißverständnisse Mythen erzeugen können, wie im Falle des Pelops-Mythos, den Müller aus einem lobenden Epithet des historischen Pelops, »elfenbeinschultrig«, ableitet (vgl. Kapitel VII).

Der wohl wichtigste Vermittler Herderschen Gedankengutes an K. O. Müller war JACOB GRIMM (1785–1863), zusammen mit seinem Bruder Wilhelm Begründer der wissenschaftlichen Germanistik und der Volkskunde und im Alter Müllers Hausgenosse in Göttingen. Die Brüder Grimm suchten Herders nationale Mythologien im Fall der germanischen zu konkretisieren, und sie fanden die Belege dafür nicht so sehr in den nordischen Mythen wie in den deutschen Volkssagen und -liedern, die sie als Niederschlag einer alten Mythologie beurteilten. Die deutsche Mythologie gewinnt so einen Eigenwert, der demjenigen der griechischen nicht nachsteht – Gemeinsamkeiten werden dabei zumindest ansatzweise nicht voneinander, sondern von einer Urmythologie abgeleitet, die in Analogie zu derjenigen der indogermanischen Ursprache zu verstehen ist.

Diesen Ansatz verfolgt die folgende Generation weiter:

eine indogermanische Urmythologie vor der Zersplitterung in die einzelnen Stämme und Sprachgruppen vertreten am konsequentesten ADALBERT KUHN (1812–1881) in Deutschland und FRIEDRICH MAX MÜLLER (1823–1900) in Oxford; ihre grundlegenden Bücher (*Die Herabkunft des Feuers* von Kuhn, *Comparative Mythology* von Müller) erschienen beinahe gleichzeitig 1859 und 1856. Den Schlüssel zur indogermanischen Mythologie fanden sie im *Rigveda*, dessen Edition 1838 begonnen hatte: hier war die Mythologie noch fast im Entstehen begriffen. Und weil diese Mythen teilweise durchsichtig naturallegorisch sind, die Sprachvergleichung außerdem besonders den Namen des obersten Gottes – Dyaus, Zeus, Iupiter – vom Himmelslicht abgeleitet hatte, wurde die Erklärung der Mythologie überhaupt in den Erscheinungen der Natur gesucht – im Gewittersturm von Kuhn, in der Morgenröte beim feinsinnigeren Max Müller, dem Sohn des Dichters der *Schönen Müllerin* und selber Verfasser eines gefühlvollen Liebesromanes: die mythologische Forschung war wieder bei der Naturallegorese angekommen, aus der Herder und Heyne sie hatten befreien wollen. Zur Erklärung, wie denn aus dem Eindruck der Morgenröte auf den frühen Menschen so verschiedene Mythen hatten entstehen können, griff auch Müller auf die angeblichen psychischen und geistigen Eigenheiten der frühen Indogermanen zurück: auf ihre sinnlich-konkrete Ausdrucksweise (wo der Sonnenaufgang als Geburt, der Untergang als Tod der Sonne beschrieben wird), vor allem aber auf das, was er eine Kinderkrankheit ihrer Sprache (disease of language) nannte: Nomina waren ursprünglich Prädikate oder Attribute von Gegenständen (»Morgenröte – Mädchen« bezeichnet die frühe Morgenröte), da sich aber so zahlreiche Nomina auf denselben Gegenstand bezogen, hatte jedes Nomen ein großes Bedeutungsfeld (»Mädchen« konnte sowohl einen jungen weiblichen Menschen wie die frühe Morgenröte bezeichnen oder sonst noch allerhand): Mißverständnisse sind unausweichlich, und sie erzeugen die Mythen: Etymologien beweisen dann, daß und wie die einzelnen Nationalmythen mit dem indogermanischen Grund zusammenhängen.

Diese Etymologien erwiesen sich freilich bald als zu phantastisch, und die Exzesse der Naturmythologie waren nur allzu deutlich: sie mache Mythen zu ›geistvollem Geplauder über das Wetter‹, spottete Lewis Richard Farnell. Neue Impulse kamen von der Volkskunde in Deutschland, von der vergleichenden Ethnologie (comparative anthropology) in England.

In Deutschland war JOHANN WILHELM EMANUEL MANNHARDT (1831–1880), ein Schüler Jacob Grimms, erst der vergleichenden Mythologie Kuhns und Max Müllers gefolgt; aber nachdem die meisten Etymologien hinfällig geworden waren und damit die Verbreitung der Mythen zum Problem wurde, begann er in der Volksüberlieferung den Grund zu sehen, aus dem die jeweilige nationale Mythologie erwachsen war: mit Herder und Vico sieht Mannhardt nicht mehr im Wilden, sondern im einfachen Volk die Quelle der Mythologie. Die Sammlung von folkloristischer Überlieferung brachte Mannhardt bald dazu, den Bräuchen und Riten ebensoviel Beachtung zu schenken wie den Sagen und Mythen, und als erster erklärte er griechische Rituale aus den Bauernbräuchen Nordeuropas (*Antike Wald- und Feldkulte,* 1877). Damit legte er den Erklärungshorizont der griechischen Religion auf die Ackerbaukultur fest und verknüpfte das Studium der Mythen mit demjenigen der Riten. Wenn auch beides nicht grundsätzlich neu ist – schon K. O. Müller hatte die Ackerbaukultur an den Anfang gestellt, und Heyne die Bedeutung der Rituale für die Religion unterstrichen – so wird es erst jetzt folgenreich.

Etwa gleichzeitig und unabhängig war der Begründer der deutschen Religionswissenschaft, HERMANN USENER (1834–1905) auf die volkstümliche Überlieferung, auf die Bedeutung der Welt und besonders der Riten der Ackerbauern gestoßen: für ihn spiegeln Mythen und Rituale den

Kreis der bäuerlichen Jahreszeiten. Naturmythologisches Erbe bleibt die Betonung von Licht und Sonne, auf die sich viele Mythen reduzieren.

Unterdessen war in England die Ethnologie wieder wichtig geworden: schließlich war man im Zentrum eines Kolonialreiches, dessen Beamte, Offiziere und Missionare reiche Berichte nach Hause sandten. Wieder, wie im 17. und 18. Jahrhundert, wurde man auf die Gemeinsamkeiten zwischen den Mythen der Naturvölker und denen der Hochkulturen aufmerksam – und wieder griff man auf den Gedanken zurück, daß dies Reste aus einem früheren Kulturzustand seien. Doch jetzt, da sich der Evolutionsgedanke in Geologie, Archäologie und Biologie so erfolgreich bewährt hatte, bekam das Konzept eine neue Bedeutung: die mythischen *survivals* begannen nun eine Rolle zu spielen, die der der Fossile in Geologie und Biologie entsprach. Am nachhaltigsten formte die Theorie EDWARD BURNETT TYLOR (1832 bis 1917) aus, besonders in *Primitive Culture* von 1871, und ihr prominentester und einflußreichster Verfolger war der Cambridger klassische Philologe JAMES GEORGE FRAZER (1854–1941).

Während andere sich damit zufriedengaben, in vagem Evolutionismus ein Denken auf primitivster Stufe aufzuweisen – so fand dies etwa der seinerzeit vielgelesene ANDREW LANG (1844–1912) im Totemismus – konstruierte Frazer ein dreistufiges Evolutionsmodell menschlicher Naturerklärung überhaupt – Mythos wird, wie schon bei Hume und noch bei Ernst Cassirer (*Philosophie der symbolischen Formen*, 1923–1929), wichtig vor allem als Einblick in eine Frühstufe menschlichen Denkens. Von der magischen Frühzeit steigt der Mensch auf in die religiöse und schließlich in die wissenschaftliche, unsere Epoche. Frazers besonderes Interesse galt dabei der magischen Zeit, einer Epoche falscher Naturerklärung, die auf einem falschen Verständnis von Kausalität beruht: der Mensch glaubt, durch seine magische Einwirkung auf die personifizierten Naturkräfte sich sein Gedeihen und Überleben zu sichern (der religiöse Mensch hingegen unterwirft sich den transzendenten Gottheiten) – da die frühen Menschen Ackerbauern waren, richtete sich ihr gesamtes Interesse auf die Fruchtbarkeit der Äcker und Tiere aus, und Riten und Mythen hängen allesamt davon ab; als *survivals* existieren sie auf der religiösen, ja selbst auf der wissenschaftlichen Stufe weiter. Hier war Frazer direkt von Mannhardt abhängig: ›ohne diese (nämlich die Arbeiten Mannhardts) hätte wohl dieses Buch gar nicht geschrieben werden können‹, heißt es im Vorwort zur ersten Ausgabe des *Golden Bough,* seines Hauptwerks.

Systematisch freilich hat Frazer seine Theorien nie dargestellt; er wollte nicht durch ein System, sondern durch die schiere Fülle der Daten aus allen denkbaren Kulturen überzeugen – *The Golden Bough* wuchs auch entsprechend von zwei Bänden in der ersten Ausgabe (1890) auf zwölf in der dritten und letzten (1912–1915). Und er überzeugte: *The Golden Bough* ist ein zentrales Werk in der angelsächsischen Geisteswelt geworden, in weiten Bereichen der Literatur und Kunst fast noch einflußreicher als in der Fachwissenschaft.

Freilich wandte sich die Schülergeneration der *social anthropologists* in Vielem vom Meister ab – stärker blieb der Einfluß in der Altertumswissenschaft. Mit ein Grund war der Eindruck auf die Schüler und Nachfolgergeneration Useners in Deutschland, deren Ansichten mit Frazer zu konvergieren schienen: für ALBRECHT DIETERICH (1866 bis 1908), Useners Schwiegersohn und Nachfolger, ganz besonders aber für MARTIN PEER NILSSON (1874–1967) wurde die Verankerung griechischer Mythen und Riten im Denken der Ackerbauern selbstverständlich, und Nilssons magisteriale *Geschichte der griechischen Religion* (zuerst 1940, dritte Auflage 1965) verbreitete und kanonisierte diese Deutungen, von denen bereits Andrew Lang abfällig als ›Covent Garden School of Mythology‹ (nach Londons größtem Gemüsemarkt) gesprochen hatte, bis in die unmittelbare Gegenwart.

Dabei ist im Rückblick die Trennung von der Naturmythologie keineswegs so scharf und einschneidend, wie Mannhardt und Frazer meinten: beide Theorien rechnen selbstverständlich mit einer primitiven Geistigkeit, die für die Mythenentstehung verantwortlich ist, beide reduzieren den Mythos auf Aussagen über die Natur, nur versucht die Naturmythologie, die Mythen auf eine bestimmte Naturerscheinung zu reduzieren, sieht Frazers Schule die Natur in Beziehung zum ackerbauenden Menschen, dessen Hauptanliegen die Fruchtbarkeit ist. Doch gerade in dieser Betonung der einfachen bäuerlichen Welt lag ein gewaltiger Anreiz dieser Theorie für ein Europa, das mit der Industrialisierung allmählich verstädterte und seine ländlichen Wurzeln entsprechend idealisierte. Als wissenschaftliche Theorie aber kann dies schon deshalb nicht überzeugen, weil der Ackerbau in der Menschheitsgeschichte jung ist, im 8. und 7. Jahrtausend im nahen Osten, weit später in Mittelamerika sich entwickelte – davor liegen Jahrhunderttausende, in denen der Homo sapiens und seine Vorfahren als Jäger und Sammler existierten. Daß sich auch davon in Mythos und Ritual Spuren finden lassen müssen, ja daß beide in dieser Zeit sich entscheidend ausformten, ist die Einsicht der neueren Arbeiten von Karl Meuli und Walter Burkert.

Mit der Mannhardt-Frazerschen Fruchtbarkeitstheorie und der vager sich auf K. O. Müller berufenden Erklärung des Mythos aus der Geschichte hat das 19. Jahrhundert zwei Wege zum Mythenverständnis hinterlassen, die gelegentlich bis in die unmittelbare Gegenwart beschritten werden. Beide sind reduktionistisch und suchen die Bedeutung des Mythos in einem Bereich außerhalb seiner selbst, auf den die mythische Erzählung durch Entfernen der phantastischen Verkleidungen reduziert werden kann: diese Erzählung wird mithin nicht ernstgenommen. Besonders die Reduktion auf Geschichte ist dabei in den Altertumswissenschaften recht populär geworden – zum einen als Reaktion auf die spekulativen Erklärungsversuche der Naturmythologen oder des Cambridger Kreises um Frazer und vor allem Jane Ellen Harrison und auf den dort vertretenen Komparatismus: man brauchte so den abgezirkelten Raum des Altertums nicht zu verlassen, hatte zudem die Gewißheit, antikes Verständnis zumindest seit der rationalistischen Mythendeutung des Hekataios von Milet (vgl. Kapitel VI) auf seiner Seite zu haben; auch stärkten die Entdeckungen von Troia, Mykene und Tiryns, die Schliemann mit der *Ilias* als Führer gemacht hatte, das Vertrauen weiter Kreise in diese historisierende Methode (vgl. Kapitel III). Dabei gibt es nichts, was diesen Reduktionismus empfehlen kann: das Eigentliche des Mythos sowohl in Handlungsstruktur wie in den Details der Erzählung wird ja gewöhnlich als störend weginterpretiert, und der Sprung vom Mythos zur historischen Realität dahinter ist subjektiv und willkürlich, wie etwa eine jüngst wieder vorgebrachte Deutung zeigt. Hier wird der Mythos vom hölzernen Pferd, mit dessen Hilfe die Griechen Troia eroberten, verstanden als Transformation aus dem Ereignis, daß die Griechen Troia nahmen, nachdem seine Mauern durch ein Erdbeben eingestürzt waren: das Pferd sei Poseidons Tier, Poseidon aber Gott der Erdbeben – was beides so schon stimmt, aber nicht ausschließlich: das Pferd gehört auch Athena, und Poseidon ist nicht nur für Erdbeben verantwortlich; und wieso denn dieses Ereignis so phantastisch erzählt wurde, bleibt ungefragt, der Interpret glaubt noch immer an Fontenelles übertreibende Phantasie der Primitiven. Selbst dort, wo die Mythenerzählung eine eigentlich historische Fragestellung beantwortet, wie im Fall der Sage von der Rückkehr der Herakliden, welche die ethnisch-politischen Veränderungen der Peloponnes zwischen mykenischer und griechisch-archaischer Zeit erklären will (vgl. Kapitel VI), läßt sich der Mythos allerhöchstens in seinem allgemeinsten Verlauf mit der archäologisch und linguistisch rekonstruierten Geschichte vergleichen.

Eine dritte, nicht reduktionistische Mythenerklärung

geht nur am Rande neben diesen beiden Hauptströmungen her. Sie hat ihre Wurzeln in der Romantik. Im Jahre 1856, unmittelbar vor dem Anrollen der naturmythologischen Flut, war in Berlin ein Buch herausgekommen, das etwas verloren in der geistigen Landschaft seiner Zeit stand: die *Philosophie der Mythologie* von FRIEDRICH W. J. SCHELLING (1775–1854). Schelling hatte sich zeitlebens mit Mythen beschäftigt: seine frühesten Schriften aus der Tübinger Zeit (1792–93) standen im Zeichen von Herder und Heyne, danach verkehrte er im Kreis der Heidelberger Romantiker – wie für die Dichter wurde der Mythos für ihn sowohl ursprünglichste Kunstform wie zugleich letztes Ziel der Kunst, in der sich Reales und Ideales, Welt und Gottheit, im Laufe des Zu-sich-Findens des Idealen schmerzhaft geschieden, wieder vereinigen. Die Auseinandersetzung mit Hegel, dessen Lehrstuhl in Berlin er 1841 übernimmt, führt Schelling schließlich zu seiner letzten Position, die in der *Philosophie der Mythologie* ausgeformt wird: noch immer, und vertieft, ist der Mythos notwendige und unwillkürliche Ausdrucksform des Menschen, doch kann er Ideales und Reales nicht mehr vereinen: er steht am Punkt der größten Gottferne des Menschen und leitet zugleich die Wiederannäherung ein. Mythos wird so zum historisch Gegebenen, eingebunden in eine bestimmte Menschheitsepoche, doch nicht auf etwas außer seiner reduzierbar; er ist symbolischer Ausdruck für die Ahnung des Idealen im Menschen. Das Problem, das Creuzer seinerzeit beschäftigt hatte, wird jetzt radikal gelöst, indem der Mythos von allen äußeren Anlässen getrennt wird.

Mythos ist mithin notwendige Form, in der sich der Mensch das Göttliche denkt (oder in der sich das Ideale dem denkenden Menschen jener Gottferne zeigt). Für die Gegenwart des alten Schelling verhallt dies im Lärm der jungen Naturmythologen: erst das 20. Jahrhundert greift zumindest im Bereich der griechischen Mythologie den Ansatz auf. Am nächsten blieb WALTER FRIEDRICH OTTO

(1874–1958): ihm ist Mythos ›eine der Formen, in denen ... das Göttliche sich offenbart‹, gleichwertig neben dem Ritual, welches die göttliche Epiphanie immer neu in Szene setzt, und neben Tempelbau und Kultbildsetzung, welche ›unmittelbare Offenbarungen des Göttlichen‹ sind. Der Mythos kann nur noch ästhetisch und religiös betrachtet werden. Nicht weit davon entfernt ist KARL KERÉNYI (1897–1973), zwar nicht Ottos Schüler im strengen Sinn, aber mit ihm eng und freundschaftlich verbunden. Ihm ist der Mythos eine eigenständige ›Denk- und Ausdrucksform‹, er ist ›die in Ausdrucksformen des Göttlichen aufgegangene Welt‹, wie Musik oder Dichtung – nur daß Mythos an die Frühphase der Menschheit gebunden bleibt. Kerényi wird hier freilich nicht stehenbleiben.

Blickt man zurück auf die zwei Jahrhunderte zwischen Fontenelle und Frazer, sind die Konstanten ebenso wichtig wie die vielen Differenzen zwischen den einzelnen Wegen, den Mythos zu verstehen. Konstant ist der Grundsatz, daß man ihn nur von seinem Ursprung her erklären kann, und daß dieser Ursprung in der frühesten Geschichte der Menschheit liege – Mytheninterpretation wird mithin immer auch Rekonstruktion der frühmenschlichen Zustände; selbstverständlich ist, daß dazu die Analogie mit zeitgenössischen Wilden, mit Kindern und mit dem einfachsten europäischen Landvolk behilflich ist.

Die zentrale Frage, wie der Mythos entstanden sei, hat nur wenige grundsätzlich verschiedene Antworten gefunden. Zum einen kann er Reaktion des Menschen auf seine natürliche oder soziale Umwelt oder auf geschichtliche Ereignisse oder auf beides sein: Mythos wird dann in der Erklärung auf das dahinterliegende Naturphänomen, die soziale Umwelt oder das historische Ereignis reduziert. Mythos kann aber auch Antwort des Menschen auf das Göttliche sein – eine Reduktion wird dann unmöglich; dasselbe gilt für die von Vico angedeutete Möglichkeit, daß der Mythos Reaktion des Menschen auf sich selbst ist.

Kombinationen der einzelnen Gruppen sind möglich – so bei Moritz, wo der Mensch das Göttliche auf die Dinge der Natur projiziert; hier ist eine Reduktion nur teilweise möglich und sagt über das Eigentliche nichts aus.

Manche Forscher blieben hier stehen. Wenn nach dem Grund gefragt wird, weshalb die mythische Antwort ihre besondere und öfters als absurd und bizarr empfundene Form erhielt, wird man regelmäßig auf die besondere Art der Geistigkeit früher Menschen geführt, die nur diese Form zuließ – sei es, daß die frühmenschliche Verständnisfähigkeit begrenzt war (das Extrem liegt bei Creuzer vor), sei es, daß die Sprachfähigkeit keinen anderen Ausdruck zuließ, sei es beides zugleich: immer ist der Mythos sinnlich, konkret und bildhaft, im Unterschied zu unserem abstrakten und konzeptuellen Denken.

Erklärung verlangte schließlich der Umstand, daß sich viele Mythen in verwandter Form bei verschiedenen Völkern finden. Logik erlaubt nur zwei Antworten – Ausbreitung aus einem gemeinsamen Zentrum oder spontane und parallele Entstehung aus verwandten Bedingungen. Im ersten Fall können Ausgangspunkt und Verbreitungswege problematisch sein: die Indogermanentheorie löste die auf die Bibel abgestützte Diffusionshypothese aus Israel ab – wobei dann noch immer zu klären war, wie der Mythos am Ausgangspunkt entstanden war. Der zweite Fall setzte eine Konstanz des menschlichen Geistes ebenso voraus wie Vergleichbarkeit der natürlichen und sozialen Umwelt.

II

Die Neuansätze der Mythendeutung im 20. Jahrhundert

Die Fragen und Antworten des 18. und 19. Jahrhunderts bestimmten auch in unserem Jahrhundert lange den wissenschaftlichen Zugang zum Mythos; wir sahen schon, wie die beiden wichtigsten Reduktionismen, der vegetative und der historisierende, besonders in der klassischen Altertumswissenschaft weiterlebten, wie Schellings Position von Otto und Kerényi weitergetragen wird. Auch die Neuansätze unseres Jahrhunderts bauen erst einmal auf früheren Fragestellungen und Antworten auf. Sowohl die tiefenpsychologische Deutung wie die Cambridger »Myth and Ritual«-Schule interessieren sich nicht für die phantastische Oberflächenerzählung, fragen weiterhin nach dem Ursprung des Mythos, um ihn verstehen zu können: neu ist nur, daß nun die Altertumswissenschaft und mit ihr der griechische Mythos ihre Schlüsselstellung verlieren, daß die Mythen ethnologischer Kulturen und damit Ethnologie und *social anthropology* Anstöße, gar Grundlagen zu neuen Betrachtungsweisen geben. Ethnologische Mythenerzählung ist aber, anders als die griechische, ohne historische Tiefe erfaßt worden: damit rücken synchrone Betrachtungsweisen ins Zentrum, erst der Funktionalismus, dann die verschiedenen Strukturalismen. Erst allmählich wird dabei auch die Erzählung als solche ernstgenommen: die Erforschung von Erzählstrukturen und Erzähltypen, ihrer Gesetzlichkeiten und der Möglichkeiten ihrer Formalisierung bestimmt in der Gegenwart das Bild der Forschung.

Mythos und Tiefenpsychologie

Auch wer sonst nichts von SIGMUND FREUD (1856–1939), dem Begründer der Tiefenpsychologie, weiß, verbindet seinen Namen wenigstens mit dem Oedipus-Komplex: in seiner *Traumdeutung* (1900) hatte der Wiener Nervenarzt den Komplex dargestellt als Folge der verdrängten frühkindlichen Liebe zur Mutter, die den Wunsch einschließt, den Vater zu verdrängen: der Mythos vom thebanischen König Oidipus, der (unwissentlich) den Vater tötet und die Mutter heiratet, wird zum Beleg für psychisches Geschehen: Individuell-psychisches, das sonst nur noch im Traum aufsteigt, hat auch im Mythos und seiner dramatischen Gestaltung durch Sophokles Form angenommen – daß überhaupt Märchen, Mythen, Sagen, Witze und Volkserzählungen mit den Träumen formal wie inhaltlich verwandt seien, ist ein Postulat der *Traumdeutung*. Später verstand Freud Mythen präziser als ›verzerrte Wunschträume ganzer Nationen, uralte Träume der jungen Menschheit‹ (*Totem und Tabu,* 1912/13): doch wird der Oidipus-Mythos mehr als bloßer Wunschtraum, er wird Erinnerung an reales, »ödipales« Geschehen in der Urhorde, wo die vom Vater unterdrückten Söhne sich auflehnen, den Unterdrücker vertreiben oder töten und seine Frauen in Besitz nehmen wollen, anders als Oidipus aber aus schlechtem Gewissen dann doch darauf verzichten – insofern behält der Mythos den Charakter eines Wunschtraums. Eine zusammenhängende Mythentheorie freilich formulierte Freud nirgends: sie wurde von seinem Schüler und Mitarbeiter Karl Abraham (1877 bis 1925) in *Traum und Mythus* (1909) erarbeitet. Wenn Träume die Erinnerung an und Erfüllung von verdrängten Wünschen sind, dann sind Mythen ›Bruchstücke des kindlichen Seelenlebens der Nation‹, enthalten sie doch ›die Wünsche aus der Kindheit der Menschen‹. Und wie Abraham an einem einzelnen Mythos, demjenigen von Prometheus (s. Kapitel IV) aufzeigt, arbeitet der Mythos mit denselben formalen Mitteln wie der Traum.

Diese Theorie beantwortet zwar erfolgreich die Frage nach dem Verhältnis zwischen Traum und Mythos, die gelegentlich schon das 19. Jahrhundert beschäftigt hat, und könnte beitragen zum formalen Verständnis von Mythen – wenn sie nur problemlos wäre. Sie übernimmt fraglos die alte aufklärerische Ansicht, daß Mythen in die Frühzeit der Menschen gehörten und daß diese Frühzeit mit der Geistigkeit der Kindheit vergleichbar sei – letzteres haben die Forschungen von Jean Piaget widerlegt, gegen ersteres läuft die ganze moderne Ethnologie Sturm. Außerdem überträgt sie Prozesse und Probleme des individuellen seelischen Lebens auf ganze Gesellschaften, die nun als Kollektive zu träumen beginnen: daß aber Kollektive mehr sind als die Addition von Individuen, hat die soziale Anthropologie ebenso gezeigt wie die Psychologie von Gruppen. Sie nimmt schließlich in Anspruch, das mythische Bild intuitiv, aus dem Horizont des Interpreten heraus verstehen zu können, ohne Rücksicht auf die Besonderheiten der jeweiligen Kultur.

Freuds zweite, historisierende Deutung des Oidipus-Mythos kann man als Versuch ansehen, diesem Problem gerecht zu werden: doch gibt er dabei viel an Tiefenpsychologischem auf, schafft letztlich einen neuen Mythos. Später hat Géza Roheim, der freudianische Ethnologe, einen anderen Weg vorgeschlagen, näher den Prinzipien der Tiefenpsychologie: ein großer Teil der Mythen sei aus Individualträumen entstanden, die wiedererzählt wurden. Empirisch dürfte sich dies kaum nachweisen lassen, und es erinnert fatal an die symbolistischen Missionare Creuzers – wieso gewisse Träume denn überhaupt vom Kollektiv aufgenommen wurden und ob sie nicht im Laufe der mündlichen Tradition gründlich verwandelt wurden, bleibt ungefragt und wäre doch entscheidend.

Einen ganz anderen Weg schlägt ein anderer, dissidenter Schüler Freuds ein, der Zürcher CARL GUSTAV JUNG (1875–1961). In seinen frühen Arbeiten dem Meister verpflichtet, entwickelt er nach dem Bruch mit Freud die Archetypenlehre, die weiterzukommen scheint: in Mythen, Märchen und Träumen finden sich dieselben grundlegenden Bilder und Symbole, weil der menschlichen

Seele die Tendenz innewohnt, bestimmte ererbte, ›archaische‹ Motive (eben die Archetypen) darzustellen, wobei die Darstellungen ›im Detail stark variieren können, ohne ihre Grundform zu verlieren‹ (*Man and his Symbols,* 1964).

Dies überwindet die Vorstellung einer mythenbildenden Kindheit der Menschen: die Fähigkeit zur Mythenbildung steckt in jedem von uns – es ist nicht mehr weit zu Lévi-Strauss' *esprit humain* mit seiner grundlegenden Fähigkeit zum symbolischen Ausdruck, dessen Abbild die Mythen sind: Mythen entstehen aus dem immanenten Fundus der Archetypen und werden so zum Ausdruck der menschlichen Seele – man versteht, daß Karl Kerényi seine früheren, Schelling und Otto verpflichteten Anschauungen verlassen konnte, um Jungs Archetypenlehre auf griechische Mythen anzuwenden.

Doch liegt gerade hier ein Kernproblem. Für Schelling, Otto und den frühen Kerényi hatte sich in den mythischen Bildern, die aus der menschlichen Seele aufsteigen, das Göttliche manifestiert: die Konstanz des Göttlichen garantiert diejenige der mythischen Bilder. Jung nimmt Abschied von der Transzendenz – und muß damit die Entstehung von Archetypen erklären: ›sie sind eine instinktive Neigung‹. In letzter Analyse müßte folgen, daß Archetypen ebenso tradiert werden wie biologische Programme, also als Teil der genetischen Information: dies führt ins (noch) Unverifizierte.

Zudem ist Jung nur in Ansätzen über die Formulierung seiner Hypothesen hinaus zu jenen umfassenden empirischen Untersuchungen gelangt, die allein die Existenz von Archetypen schlüssig nachweisen können – bei den meisten seiner (durchaus eindrücklichen) komparatistischen Arbeiten bleibt die europäische Geisteskultur Interpretationshorizont: hier müßte man dringend weiterarbeiten. Und selbst wenn so Archetypen nachgewiesen werden könnten, können sie höchstens statische Symbole erklären, aber nicht die narrativen Abläufe, welche den Mythos ausmachen: im Bild gesprochen, könnte die

Theorie zwar zeigen, daß in allen existierenden Dramen dieselben Hauptfiguren vorkommen, aber sie kann über die jeweilige Einzelhandlung nichts aussagen. Und schließlich werden die Archetypen (trotz des kollektiven Unbewußten) immer auf die individuelle Psyche, ihre Probleme und Erfahrungen bezogen: weshalb Mythos in jenen Kulturen, wo er lebt, eine eminent soziale Rolle spielt, bleibt unerklärbar.

Mythos und Gesellschaft: von ›Myth and Ritual‹ zum Funktionalismus

Daß Mythen gesellschaftliche Einrichtungen erklären können, war bereits den antiken Mythologen selbstverständlich; sie nannten solche Mythen *Aitia*, »Begründungen«: aitiologische Mythen erklären nicht nur Kulte, sondern alles mögliche – der Mythos, daß der Gott Apollon einst die schöne Nymphe Daphne verfolgte, sie aber sich in ihrer Not in einen Lorbeerbaum verwandelte, erklärt nicht nur, wie der Lorbeerbaum (griech. δάφνη) entstand, sondern auch, weshalb er Apollon heilig ist: Mythen, darauf werden wir noch öfter stoßen, erklären die Gegenwart des Menschen durch ihre Erzählung aus der Vergangenheit. Wenn dann der moderne Interpret einen Mythos herleitet aus einer sozialen Institution – beispielsweise den Oidipusmythos ableitet aus dem Sakralkönigtum (G. Murray) – geht er einen entscheidenden Schritt weiter: nicht die Funktion des Mythos, sondern die Entstehung wird erklärt, und dies zudem aus einer Institution, die in der antiken griechischen Gesellschaft nicht (der Interpret sagt: nicht mehr) existierte.

Die Entwicklung der Theorie – in ihrer striktesten Form: Mythen entstanden zur Erklärung unverstandener religiöser Riten – geht zurück auf den Cambridger Kreis um Sir James Frazer. Sein Freund und Anreger, der schottische Theologe und Cambridger Arabist WILLIAM ROBERTSON SMITH (1846–1894), hatte in seinen grundlegenden *Lectures on the Religion of the Semites* (1889) nicht nur die Bedeutung des Rituals für die Religion unterstrichen (dies hatte bereits Heyne getan), er hatte auch dessen zumindest teilweise genetische Priorität den Mythen gegenüber behauptet. Für Frazer wurde so selbstverständlich, Mythen und Riten miteinander zu vergleichen und in vielen Fällen rituelle Praxis zum Ausgangspunkt eines Mythos zu nehmen – der verbreitete Mythos vom »Sterbenden Gott« etwa spiegelt das Ritual des Sakralkönigtums (dahinter freilich steht als letzter Bezugspunkt der Zyklus der Vegetation). Doch erst JANE ELLEN HARRISON (1850–1928), die wohl brillanteste Gestalt des Cambridger Kreises, arbeitete den Gedanken zu Ende.

Für sie entstand Mythos in jedem Fall aus Ritual, war (in einer ersten Version der Theorie) mißverstandenes Reden über Riten; Riten waren dabei, im Gefolge Frazers, weitgehend identisch mit Fruchtbarkeitszauber (*Prolegomena to the Study of Greek Religion,* 1903). Doch der zeittypische Gedanke, daß der Mythos bloß auf einem Mißverständnis beruhe (man hört im Hintergrund Max Müller, den Oxforder Mythologen), konnte nicht lange befriedigen: Jane Harrison änderte ihre Theorie, nachdem sie mit dem Werk von EMILE DURKHEIM (1858–1917), des Vaters der französischen Soziologie, bekanntgeworden war. Dieser hatte zum ersten Mal in einer Vorlesung an der Sorbonne von 1907, ausführlicher dann in *Les formes élémentaires de la vie religieuse* (1912) eine soziologische Deutung von Religion überhaupt versucht; Mythos ist Teil der Religion. Im kollektiven Zusammenleben und Zusammenwirken nämlich, so der Grundgedanke, erfährt der Einzelne die ihn übersteigende Kraft des Kollektivs, die er als objektivierte religiöse Gestalten sich vorzustellen sucht: so werden gesellschaftliche Tatsachen und Institutionen als Riten dramatisiert, als Mythen ausgemalt und erzählt, und umgekehrt stärkt die Erzählung des Mythos und die Ausführung des Rituals im Einzelnen wiederum den Glauben an die Gottheiten, bindet ihn zugleich stärker in seine Gruppe ein. Hier knüpft Jane Harrison an, erklärt nun den Mythos als Darstellung kollektiven Rituals – als erste sieht sie die Bedeutung von Initiationsritualen für Mythologie und Religion der Griechen, wie sie in ihrem Buch *Themis* von 1912 mit dem bezeichnenden Untertitel *A Study in the Social Origins of Greek Religion* ausführt.

Der gewaltige Bruch mit allem Vorhergehenden, den der Erste Weltkrieg für das europäische Geistesleben bedeutete (und den Jane Harrison persönlich sehr tief empfand), ließ diesen Ansatz innerhalb der Altertumswissenschaft (von wenigen Ausnahmen abgesehen) lange nicht zur Geltung kommen: erst die sechziger Jahre des Jahrhunderts mit ihrem neuerwachten Interesse für gesellschaftliche, soziale Erscheinungen schufen neue Bedingungen. Für den Nahen Orient, dann auch für die ethnologischen Kulturen griff die britische Forschung die Theorie freilich schon früher auf – hier auch sah man zuerst ihre Problematik.

Nach der strengen Form der Theorie muß jeder Mythos aus einem Ritual entstanden sein: es war nicht schwer, Mythen ohne Riten und Riten ohne Mythen zu finden – beide scheinen recht unabhängig voneinander existieren zu können, wie gerade die großen Mythen der Griechen zeigen: der Oidipusmythos in seiner Gesamtheit läßt sich nicht einfach auf ein Ritual reduzieren. Zudem finden sich gerade bei den Griechen genügend Fälle, wo ein Mythos deutlich erst später an ein Ritual angeschlossen wurde, gar mehrere Mythen dasselbe Ritual begleiten. Entsprechend lassen sich nicht aus Riten fehlende Mythen oder aus Mythen unbekannte Riten konstruieren: die Theorie hat das Verhältnis der beiden nie so scharf fassen können, daß derartige, fast mathematisch anmutende Ableitungen möglich würden. Die beiden laufen vielmehr locker nebeneinander her, das Aition greift einen einzelnen Punkt auf, scheint sich aber in narrativer Eigengesetzlichkeit abzuwickeln (vgl. Kapitel v).

So lag es nahe, nicht nur die extreme Form der Theorie aufzugeben, wonach jeder Mythos aus einem Ritual entstanden sei, sondern – weil nach einem solchen Verzicht die Theorie als Ganzes intellektuell unbefriedigend wird – überhaupt auf die Ursprungsfrage zu verzichten und sich allein mit dem Verhältnis der beiden in historischer Zeit zu beschäftigen, gegebenenfalls nach den Gesetzen der mythischen Erzählung ebenso wie nach denen des rituellen Ablaufs zu fragen. Damit wandelt sich die Fragestellung von der historisch-genetischen zur funktionalistischen oder strukturalistischen.

In der Ethnologie, präziser der angelsächsischen *social anthropology*, ist dieser Wandel in der Fragestellung mit dem Namen von BRONISLAW MALINOWSKI (1884–1942) verbunden, Frazers bedeutendstem ethnologischen Schüler. In Reaktion auf Frazers evolutionistisches Denken einerseits, seine »armchair anthropology« anderseits, die aus dem Cambridger Studierzimmer heraus ohne direkten Kontakt mit ethnologischen Kulturen theoretisierte, setzte Malinowski beim eigenen und direkten Studium der ethnologischen Kultur an und konzentrierte sich auf die Frage, was die einzelne Institution für die Gesellschaft bedeute: beide Neuansätze bedingen sich gegenseitig. Mythen verstand er als verbindliche Begründungen *(charter myths)* sozial wichtiger Dinge: sie legten Gruppenzugehörigkeit ebenso wie Heiratsregeln, Landverteilung ebenso wie die Ausführung der Rituale fest.

Die Theorie sieht ab von irgendwelchen Versuchen, die Eigenform der mythischen Erzählung zu erklären, versteht den Mythos wohl viel zu eindimensional und rational (was sich aber als Reaktion auf Frazer verstehen läßt) und kann auf Griechenland kaum so monolithisch angewendet werden: gewiß haben viele Mythen eine klar umrissene Charter-Funktion, doch läßt sich gerade für die großen und bedeutenden griechischen Mythen keine eindeutige Aitiologie in diesem engen, sozial gebundenen Sinn ausmachen.

Einen andern Weg sucht GEORGES DUMÉZIL, der Begründer der »Neuen vergleichenden Mythologie«. In seiner Jugend stark beeinflußt von Durkheim und Jane Harrison, war auch er von der Solidarität der Mythen und Riten überzeugt, ohne damit aber die historische Priorität eines der beiden zu postulieren: die menschliche Vorgeschichte ist zu lang und zu unbekannt, als daß solche Fragen gelöst werden könnten. Dennoch ist geschichtliche Betrachtung möglich: Mythen und Riten der Griechen sind, zusammen mit denen insbesondere der Iranier und Inder einerseits, der Kelten und Italiker anderseits nur Zeugen, um verlorene indoeuropäische Institutionen und Mythen zu rekonstruieren: das alte, von Max Müller und Adalbert Kuhn verfolgte Anliegen wird neu angegangen. Die Griechen sind dabei vor allem in den frühen Arbeiten wichtig, bevor Dumézil die Theorie erarbeitete, daß sich die grundlegenden Institutionen der frühen Indogermanen verteilen lassen auf drei fundamentale Klassen, die der Könige und Priester, die der Krieger und die der Bauern und Handwerker. Im Gegensatz zu Italokelten und Indoiraniern bewahrt Griechenland verschwindend wenig Spuren dieser ›trifonctionnalité‹ – die Liste, die Dumézil selber zusammenstellte, ist kurz, umfaßt an Mythen lediglich das Parisurteil – und auch dies vermag nicht recht zu überzeugen. Dumézils Schüler sind nicht viel weitergekommen.

Strukturen des Mythos und seiner Erzählung

Untersuchungen zur Struktur von Mythen – mithin die Isolierung von Einzelelementen und die Analyse ihrer gegenseitigen Beziehungen – sind in verschiedener Form denkbar; schon die Gegenüberstellung von Mythos und Jahresablauf oder Ritual vergleicht ja Strukturen. Was aber spezifisch »strukturalistische Mythenanalyse« heißt (oder einfach »Strukturalismus«), geht zurück auf den französischen Ethnologen CLAUDE LÉVI-STRAUSS (* 1908).

Abgesehen von einer programmatischen Darstellung in einem oft wiederabgedruckten Aufsatz von 1955 *(The Structural Study of Myth)* hat Lévi-Strauss es vorgezogen, seine Methode pragmatisch vorzuführen, besonders eindrücklich in den vier umfangreichen Bänden der *Mythologiques* (1964–1971), und nie einen konzisen Abriß seiner Theorie gegeben, die sich auch in der Praxis nach 1955 – nicht ohne innere Widersprüche – durchaus weiterentwickelt hat. Unterdessen ist das strukturalistische Fieber etwas abgeklungen, und eine nüchterne Einschätzung ist eher möglich.

Mythen sind für Lévi-Strauss eine Art Kommunikation, wie Sprache oder der Austausch von Gütern; weiter gefaßt, läßt sich eine Kultur überhaupt als eine Reihe von ineinandergreifenden Kommunikationssystemen verstehen. Aus der Analogie zur Sprache leitete er 1955 seine Methode ab, den Mythos mit den Mitteln der strukturalistischen Sprachanalyse zu verstehen. Der Genfer Linguist Ferdinand de Saussure hatte seinerzeit unterschieden zwischen *parole*, dem aktuellen Gebrauch der Sprache, und *langue*, dem Regelsystem, das jedem Akt der *parole* zugrundeliegt: die uns vorliegenden Mythen entsprechen der *parole*, nur daß sie über die momentane Äußerung hinausweisen, in Vergangenheit und Zukunft ebenso gelten wie jetzt (von daher die Konstanz dieser mythischen *parole*); gesucht ist die *langue*, das darunterliegende System fester Strukturen, das auch erklären kann, weshalb sich das scheinbar so kapriziöse Gebilde des Mythos in den verschiedenen Kulturen in erstaunlich ähnlicher Form wiederfindet. Wie sich Sprache letztlich aus einzelnen, an sich bedeutungslosen Lautzeichen, den Phonemen, zusammensetzt, die nur in Opposition zu anderen Phonemen festen Umriß und nur in ihrer Kombination bestimmte Bedeutung erhalten, so setzt sich auch der Mythos aus solchen Zeichen zusammen, den *Mythemen*. Das Mythem »Oidipus heiratet seine Mutter« ist an sich bedeutungslos, erhält Bedeutung erst durch die Gegenüberstellung mit den anderen Mythemen des Oidipusmythos; die Erzählfolge des Mythos wird also aufgebrochen und an ihre Stelle eine durch die Ordnung der Mytheme gebildete Tiefenstruktur gesetzt: Lévi-Strauss hatte dies 1955 in einer vielzitierten und vielgeschmähten Studie ausgerechnet am Oidipusmythos vorgeführt – es war ihm selber nicht ganz geheuer dabei, bezeichnet er doch die Deutung ausdrücklich als ›Demonstration ... so wie ein fliegender Händler seine Maschinchen demonstriert‹. Wenig später, in *La geste d'Asdiwal* von 1958, wird noch präzisiert: die Struktur des Mythos findet sich auf verschiedenen Ebenen (Kodes) mit derselben Botschaft, und die Entschlüsselung der Kodes ist nur durch enges Eingehen auf die ethnologischen Realitäten möglich – im Asdiwalmythos werden so vier Kodes, der geographische, der techno-ökonomische, der kosmologische und der soziologische, unterschieden. Die Bedeutung des Mythos ergibt sich aus seiner Struktur, darf niemals außerhalb dieser selbst in der Realität gesucht werden (das würde einen Kode privilegieren) – wenn man nach einer Bedeutung außerhalb des Mythos sucht, liegt diese nur im menschlichen Geist: die Struktur der Mythen reflektiert die Struktur des Denkens, was der letzte Grund für die Universalität der Mythen ist. Die Strukturen können als logische Relationen – Oppositionen, Inversionen, Parallelitäten – formalisiert werden; besonderes Gewicht legt Lévi-Strauss dabei auf die binäre Opposition, die er ebenso im Computer oder in der »Sprache« der genetischen Information am Werk sieht.

Der Wunsch nach Einsicht in das Funktionieren des menschlichen Geistes war es letztlich, der Lévi-Strauss überhaupt zum Mythos geführt hatte. Als Experte für Verwandtschaftsbeziehungen, der im komplexen Regelsystem ethnologischer Kulturen ein raffiniertes klassifikatorisches Denken am Werk gefunden hatte, erschien ihm das scheinbar absurdeste und willkürlichste Produkt des »Wilden Denkens«, der Mythos, als besondere Herausforderung: er wollte auch hier ein Denken aufzeigen, das sich vom modernen nicht in der Qualität, sondern nur in der Materie unterscheidet, derer es sich bedient – so, wie ein Steinbeil sich von einer Stahlaxt nicht in der technologischen Komplexität, sondern vor allem in den verwendeten Materialien unterscheidet.

Die Theorie läßt eigentlich keinen Weg offen, im Mythos eine andere Bedeutung als sich selber zu sehen. Doch die Praxis widerspricht: wie Lévi-Strauss die Mytheme nicht nach formalen, sondern inhaltlichen Kriterien anordnet, ihnen also durchaus eine eigene Bedeutung geben muß (womit die Analogie zu den Phonemen verlassen ist), bezieht er auch die ganzen Mythen auf eine außermythische Realität – deswegen kann der Oidipusmythos zwischen zwei Gegensätzen, der Annahme von Autochthonie und der tatsächlichen Rückführung auf ein einziges Elternpaar, vermitteln, kann gar der Asdiwalmythos die Funktion haben, verschiedene Modelle von Heiraten durchzuspielen, womit de facto der soziologische Kode eben doch privilegiert wird.

Die Praxis ändert sich in den *Mythologiques*: an die Stelle analysierter Einzelmythen treten ganze Bündel von Mythen, deren Strukturen in Parallelität, Opposition und Inversion aufeinander Bezug nehmen, sozusagen Hypermytheme in einem System sind, das kulturübergreifend ganz Süd- und Nordamerika umfaßt; statt der schwer isolierbaren Mytheme sind nun Symbole die kleinsten Einheiten des Mythos, deren Bedeutung aus der Ethnographie erschlossen wird: einer der Hauptreize der vier Bände besteht gerade in dieser aufwendigen ethnographischen Entschlüsselung. Am wichtigsten aber ist, daß nun grundlegende Invariabeln erarbeitet werden, Symbolbeziehungen, die weithin gleichermaßen gelten – etwa das »kulinarische Dreieck« roh – gekocht – verfault und seine Entsprechung geröstet – geräuchert – gesotten oder die Oppositionen Natur – Kultur und Tabak – Honig.

Die Haupteinwände gegen Lévi-Strauss' Analysen lassen sich auf zwei Punkte versammeln. Zum einen ist nach der Theorie kein Weg von der Struktur zur Bedeutung gangbar: jede Bedeutung muß willkürlich erscheinen – oder anders: der Aufweis der Strukturen ist ein Akt der Analyse, der unabhängig von der Suche nach Bedeutungen erfolgen muß. Zum andern opfert die Analyse auch in den *Mythologiques* den linearen Ablauf der Erzählung, um zur Tiefenstruktur zu gelangen, wie wenn es auf die Erzählung gar nicht so sehr ankäme – wären denn Mythen wirklich erzählt worden, damit die Zuhörer die durch die (unbewußten) Strukturen gegebenen Probleme in ihrem Unterbewußten abhandelten? Das ist ein Unding: ›Lévi-Strauss has perhaps found the harmony, but he certainly has lost the melody‹, formulierte ein Kritiker. Das ist mit ein Ergebnis aus der schiefen Analogie von Sprache und Mythos, daraus, daß Phoneme und Mytheme einander fast gleichgesetzt werden: Mythos ist keine Kommunikation analog der Sprache, auch keine Metasprache, wie Marcel Detienne einmal meinte, Mythos aktualisiert sich privilegiert in Sprache.

Was bleibt, ist die Struktur. Lévi-Strauss hat gezeigt, daß Mythen reich strukturiert sein können, daß sich solche Strukturen auf verschiedenen ›Niveaus‹ (in verschiedenen Kodes) ausdrücken und daß sich diese verschiedenen Niveaus beziehen auf Strukturen der physischen und sozialen Welt; er hat gezeigt, daß sich derartige Strukturen oft nur aufzeigen lassen, wenn man den Wert der einzelnen mythischen Symbole innerhalb einer gegebenen Kultur in mühsamer Kleinarbeit abklärt, daß es anderseits auch Relationen gibt, die weit über die Einzelkulturen hinausgreifen. Eine neue Wesensbestimmung von Mythos ist damit nicht gegeben – die Analyse der Struktur ist eine Methode neben anderen, Mythen zu erschließen, und kann so auch auf den griechischen Mythos angewandt werden, ist auch angewandt worden. In einer Art von minimalem Strukturalismus hat etwa G. S. Kirk gezeigt, daß die Kyklopen der Odyssee sich einbinden lassen in das Gegensatzpaar Natur–Kultur, das Lévi-Strauss so wichtig ist, daß sie zur Evaluation der beiden Pole dienen.

Am fruchtbarsten wurde der Strukturalismus von Lévi-Strauss für den griechischen Mythos in seiner Verbindung mit den Arbeiten der Pariser Gruppe um JEAN-PIERRE VERNANT. Auch hier wird nach Strukturen gesucht – nicht nach hochabstrakten und gar in pseudomathematischen Formeln faßbaren Strukturen von Mythos oder esprit humain, sondern nach den ›impliziten Kategorien‹ der griechischen Welt- und Selbstauffassung, nach jenem Netzwerk von Symbolen, mit welchen die Griechen die Welt sich verstehbar machten. Dabei ist der Mythos privilegiertes, aber nicht einziges Forschungsgebiet: sämtliche sozialen Institutionen bieten sich an – dieses zentrale Interesse an der Gesellschaft bringt Vernant aus der Tradition Durkheims mit, aus der er durch seinen Lehrer Louis Gernet stammt. Im Gegensatz zu Lévi-Strauss, dessen Auflösung der mythischen Erzählung er nicht billigt, geht Vernant vom einzelnen literarischen Text aus, etwa Hesiods Prometheusgeschichte – auch er fordert freilich dann, die Bedeutung der mythischen Symbole innerhalb der griechischen Welt abzuklären – eine Art Ethnologie bei den Griechen, als deren Beispiel etwa die Untersuchung über die Bedeutung des Bläßhuhns, αἴθυια, im Zusammenhang mit Athenas Mythen (*Les ruses de l'intelligence,* 1974), vor allem aber die umfänglichen Recherchen Marcel Detiennes über die Bedeutung der Aromata, Duftstoffe und Parfüms (*Les jardins d'Adonis,* 1972) dienen können. Im übrigen hat gerade bei Detienne das Abrücken von allzuweit Lévi-Strauss verpflichteten Ansichten längst begonnen.

Von anderer Seite ist, lange vor Lévi-Strauss, der russische Volkskundler VLADIMIR J. PROPP (1895–1970) zu einer strukturellen Betrachtung traditioneller Erzählungen gelangt: ihm ging es freilich nicht um vom Oberflächengehalt entleerte Tiefenstrukturen, sondern um eben diese

Oberfläche; er sah diese Studien auch nicht als Selbstzweck, sondern als ›Vorstufe einer historischen Erforschung der Märchen‹. In seinem Buch *Morfologia skazki* (›Morphologie des Märchens‹, 1928) analysierte er ein ganzes Corpus von Märchen eines bestimmten Typs, des Zaubermärchens – der Held wird ausgesandt oder geht freiwillig, eine Person oder Sache zu holen, hat Erfolg, oft mit Hilfe magischer Gegenstände, und entkommt auch seinen Verfolgern mit seiner Beute mit derselben magischen Hilfe. Propp zerlegte die Märchenhandlung in ein allen Beispielen gemeinsames Handlungsschema, einunddreißig Funktionen (oder Morpheme, wie andere sagten), Handlungsbausteine, die absehen von bestimmten Personen oder Einzelmotiven; die Reihenfolge der Funktionen ist fest, auch wenn nicht alle einunddreißig in jedem Märchen aktualisiert sein müssen.

Propps Wirkung auf die moderne Mythenforschung begann gleichzeitig mit dem Heraufkommen des Strukturalismus: 1958 erschien die englische Übersetzung seines Buchs, französische, italienische, deutsche folgten. Sein Einfluß wirkte in zwei Richtungen – auf die Entstehung einer generellen Analyse traditioneller Erzählungen anhand solcher Handlungsstrukturen, und auf die Versuche, andere Corpora strukturgleicher Erzählungen zu isolieren.

Die generelle Analyse hat bis heute freilich noch nicht dazu geführt, daß eine befriedigende »Grammatik« traditioneller Erzählungen auch nur in Ansätzen geschrieben werden könnte; sie scheint sich allzuoft in einem Wust scheinmathematischer Formalisation zu verlieren – interessanter scheint die zweite Weiterung des Proppschen Ansatzes. So skizzierte WALTER BURKERT verschiedene Erzähltypen innerhalb der griechischen Mythologie – etwa die »Mädchentragödie« in fünf Morphemen: ein Mädchen verläßt Kindheit und Heim (I), lebt in idyllischer Abgeschiedenheit (II), wird von einem Gott überrascht und geschwängert (III), erleidet als Folge Erniedrigung und Strafe (IV), gebiert schließlich einen Sohn und wird so aus ihrer Not erlöst (V) – Musterbeispiel etwa der Mythos der argivischen Königstochter Io, Priesterin im Heiligtum der Hera von Argos (I/II), die Zeus schwängert (III), die die eifersüchtige Hera in eine Kuh verwandeln und durch eine Bremse um die Welt jagen läßt (IV), bis Zeus sie zurückverwandelt, sie ihren Sohn Epaphos gebiert (V). Ein weiterer Typus läßt sich auf die Sequenz Verbotsüberschreitung – Bestrafung reduzieren – so sieht der Jäger Aktaion Artemis im Bade (I), wird zur Strafe in einen Hirsch verwandelt und von seinen Hunden zerrissen (II).

Wichtig ist nun freilich, daß keiner dieser Erzähltypen eingeschränkt werden kann auf traditionelle Erzählungen – der von Propp isolierte Typus läßt sich beliebig anderswo aufzeigen, und auch die Sequenz Verbotsüberschreitung – Strafe ist nicht auf Mythen beschränkt. Von daher zeigt sich, daß das Eigentliche des Mythos gerade nicht auf der Ebene der Erzählstruktur liegen kann (der ausbleibende Erfolg der generellen Analyse könnte zum selben Schluß führen): unsere eingangs gegebene Definition sah denn auch davon ab.

Mythos und Ritual: die Ansätze der Gegenwart

Wir sahen, wie eine monolithische Herleitung des Mythos aus Ritual auf unüberwindliche Schwierigkeiten stieß – Versuche freilich, aufzuzeigen, wie einzelne Mythen oder Mythengruppen mit bestimmten Ritualen oder Ritualtypen verbunden sein könnten, fehlten nicht und sind noch immer aktuell; besonderes Augenmerk hat man dabei, im Gefolge von Jane Harrisons *Themis*, den Initiationsriten und -mythen geschenkt. Stellvertretend für viele mag der Mythos von Theseus und dem Minotauros den Komplex illustrieren.

Theseus, in Troizen aufgewachsener Sohn des athenischen Königs Aigeus, kommt herangewachsen zu seinem Vater – just im Moment, wo die Athener den regelmäßigen Tribut an den kretischen König Minos absenden – sieben junge Männer und sieben Mädchen, die dem Stiermenschen Minotauros im Labyrinth vorgeworfen werden. Theseus fährt mit, gewinnt die Liebe von Minos' Tochter Ariadne: mit dem von ihr gegebenen roten Faden findet er zurück aus dem Labyrinth, nachdem er den Minotauros erschlagen, die jungen Athener gerettet hat. Auf der Heimfahrt läßt er Ariadne auf Naxos zurück, vergißt aus Trauer dann, die schwarzen Segel, Signal des Mißerfolgs, mit den Glück meldenden weißen zu vertauschen: wie das Schiff in der Ferne sichtbar wird, stürzt sich Aigeus in den Tod, in der Meinung, sein Sohn sei gefallen. Theseus wird nun König von Athen.

Der Grundstruktur dieser Erzählung entspricht diejenige männlicher Initiationsrituale: der Fahrt in die Ferne, der Überwindung des Todes, Tötung des Ungeheuers, Erfahrung der Liebe und der schließlichen Nachfolge des Vaters entspricht die Entfernung der Initiandi aus ihrem Heimatdorf, ihr Scheintod, ihre Begegnung mit den Dämonen des Draußen und der Erotik, schließlich ihre Rückkehr als nunmehr Erwachsene. Einzelheiten treten dazu – das jugendliche Alter der Akteure, das schwarze Segel, das an die Farbzeichen erinnert, mit denen die Initiandi markiert werden, an die schwarzen Mäntel der athenischen Epheben, die letztlich auch Initiandi sind; zusätzliche Aitia, welche den attischen Mythos umrahmen, verweisen auf denselben Bereich, wie zuerst H. Jeanmaire (*Couroi et Courètes*, 1939) dargetan hat.

Probleme bleiben, insbesondere: entspricht dieser Verbindung von Mythen- und Ritualstruktur eine genetische Beziehung so, daß der Mythos aus dem Ritual entstanden ist, und wenn nicht, wie hat man dann die Verbindung zu erklären? Oder anders: wenn im Gefolge Propps die einzelne Mythenerzählung auf eine formalisierbare Grundstruktur gebracht wird, kann von da eine Brücke zum Ritual geschlagen werden?

Propp selber war in einem späteren Buch (*Die historischen Wurzeln der Zaubermärchen*, 1946) zum Schluß gelangt, daß die von ihm erarbeitete Grundsequenz derjenigen des Initiationsrituals entspreche und sich aus ihm herleite: seine Methodik entsprach in etwa derjenigen Jeanmaires, dem Vergleich der einzelnen Motive der Erzählung mit den Schritten des Rituals: der Sprung von der Erzählstruktur zum Ritual bleibt willkürlich. Neuere Analysen sind hier noch nicht weitergekommen, können auch die andere brennende Frage noch nicht beantworten: weshalb denn bleibt die Erzählstruktur intakt, wenn sich der Mythos vom Ritual, dessen Struktur sie stützt, emanzipiert hat? Lévi-Strauss hätte geantwortet, daß die Struktur des menschlichen Geistes die Konstanz der Erzählstruktur garantiere: wie aber, wenn man nicht an diese Lösung glauben kann? Eine kühne Antwort versuchte Walter Burkert, wiederum im Anschluß an Propp.

Er versteht die Erzähltypen letztlich als Handlungsprogramme, die in biologisch oder kulturell Elementarem ihre Entsprechung haben – Propps Struktur im Programm der tierischen Beutegewinnung, die »Mädchentragödie« im menschlichen Ablauf von ›Pubertät, Defloration, Schwangerschaft und Geburt‹, das Vergehen-Strafe-Schema in elementarsten kulturellen Einrichtungen: diese Handlungsprogramme garantieren die Konstanz der Handlung, sorgen dafür, daß wir sie ohne Probleme uns aneignen können und sind so verantwortlich für die schier universale Verbreitung mancher Erzähltypen. Gleichzeitig strukturieren solche elementaren Programme auch das Ritual – männliche Initiationsriten lassen sich in das Schema der Proppschen Formel bringen, weibliche Initiationsriten folgen hingegen der »Mädchentragödie«: deswegen lassen sich Mythos und Ritual problemlos verbinden, existieren aber auch getrennt.

Der Ansatz löst so zahlreiche Aporien, stellt aber andererseits alle jene Untersuchungen grundsätzlich in Frage, die damit rechnen, daß bestimmte Mythen einst mit Ritualen verbunden waren, sich dann aber von ihnen gelöst hätten (was für die Initiationsthematik in Griechenland etwa A. Brelich in *Paides e Parthenoi* von 1968 versucht hat), es sei denn, man könne im Mythos identifizierbare Reste einer solchen Verbindung ausmachen – wenn etwa Theseus in Athen Patron der Ephebie ist, diese sich als Transformation der alten Initiation erweist, zugleich die Mythen um Theseus in Struktur und Motivik immer wieder auf die Initiation verweisen, läßt sich die Verbindung auch in dieser Perspektive halten. Eine endgültige Beurteilung freilich wird erst dann möglich sein, wenn alle vorkommenden Erzähltypen isoliert und auf entsprechende Programme zurückgeführt sind: wie die Archetypenlehre, verträgt auch Burkerts Theorie eigentlich keine Ausnahme.

III

Mythos und Epos

Der erste Zeuge griechischer Mythologie ist Homer: in *Ilias* und *Odyssee* begegnen zum ersten Mal in griechischer Literatur jene Götter und Heroen, die für die Griechen wie für uns Mythos ausmachen: Achill und Hektor, Paris und Helena, Zeus, Hera, Poseidon und Athena, Kyklopen und Giganten, Kentauren und Sirenen werden von nun an das europäische Bewußtsein bevölkern, bis auf den heutigen Tag.

Und doch sind *Ilias* und *Odyssee* keine naiven Mythenerzählungen, sondern überlegte und kunstvoll komponierte Werke der Literatur, denen die Griechen denn auch einmütig einen individuellen Autor gaben, eben Homer, den blinden Sänger von Chios, den ihre Kunst durchaus porträtieren konnte. Die *Ilias* spielt in wenigen Tagen im letzten Jahr des Kriegs um Troia und ist dramatisch geschlossen (Aristoteles stellte fest, daß sich aus ihr höchstens drei Tragödien machen ließen) – und doch vermag sie den gesamten zehnjährigen Krieg der Griechen und Troianer zu spiegeln, vermag sie außerdem im zerstörerischen Zorn des Achilles Einsicht zu geben in die Problematik des Heldendaseins, das doch das Zentrum heroischer Epik ist. In der Struktur, wenn auch nicht in der Weltsicht noch ehrgeiziger ist die *Odyssee*, das Epos von der Heimkehr des Troiazerstörers Odysseus: zwei Handlungen laufen nebeneinander her, das Schicksal des Odysseus und dasjenige seines Sohnes Telemach, der auszieht, um Nachrichten über seinen Vater zu suchen: erst nach der Mitte vereinigen sich die beiden Handlungen zur Erzählung von Odysseus' Rückkehr nach Ithaka, wo seit Jahren Freier um die Hand der Penelope werben. Dabei wird nicht geradlinig erzählt, setzt die Handlung ein im letzten Jahr der Irrfahrt, werden die Fahrten der vergangenen Jahre in einer Rückblende am Hofe der Phaiaken von Odysseus berichtet. Homer ist hochreflektierte Literatur.

Beides, Homer und Literatur, braucht Erläuterungen. Homer ist nicht so Verfasser von *Ilias* und *Odyssee*, wie dies Leo Tolstoi von *Krieg und Frieden* ist: die Entstehungsgeschichte der beiden Epen ist komplexer. Doch sind beide Epen immerhin so einheitlich, daß jedes von einem einzelnen Mann konzipiert sein mußte (was spätere Einschübe nicht ausschließt), vermutlich frühestens gegen Ende des achten Jahrhunderts; die *Odyssee* setzt dabei die *Ilias* nicht nur im Stoff, sondern auch in der uns vorliegenden Gestaltung voraus. Literatur sind sie als Wortkunstwerke, Schriftlichkeit ist nicht notwendigerweise impliziert für die Entstehung der beiden Epen – daß die formalen Eigenheiten der epischen Kunstsprache jedenfalls nur verständlich sind aus einer mündlichen Dichtungstradition, ist kaum mehr bestritten. In einer solchen mündlichen Dichtung schafft der Sänger das Werk im Moment des Vortrags – erleichtert wird dies dadurch, daß die Tradition für viele oft wiederkehrende Ausdrücke an bestimmten Stellen im Vers feste Ausdrücke, »Formeln« vorgibt: von der festen Verbindung von Substantiv und Epitheton (›die rosenfingrige Eos‹) bis hin zu ganzen Formelversen (›und sie erhoben die Hände zum lecker bereiteten Mahle‹). Ebenso vorgegeben sind typische Szenen mitsamt ihrem sprachlichen Ausdruck – das Anschirren der Pferde vor der Ausfahrt, die Einkehr eines Fremden; schließlich hat die Tradition ganze Handlungsabläufe vorgegeben, etwa die Struktur, die der Achilles-, Meleager- und Odysseushandlung zugrundeliegt: der Held zieht sich von den Seinen zurück, sehr zu ihrem Schaden, kehrt schließlich siegreich und triumphierend zurück – derartige Handlungsstrukturen gleiten dann über zu den seit Propp analysierten Handlungsschemata traditioneller Erzählungen überhaupt.

Mythen sind für Homer in mehrfacher Hinsicht bedeutsam. Einmal nehmen *Ilias* und *Odyssee* ihren Stoff aus

einem bestimmten Mythos oder besser Mythenkreis, demjenigen vom troianischen Krieg. Den ganzen Krieg samt Vorgeschichte und Folgen decken, nicht ohne Überschneidungen, die sogenannten kyklischen Epen ab – *Ilias* und *Odyssee* fügen sich ein.

Die Vorgeschichte berichten die *Kypria*. Gaia, Erde und zugleich ihre Göttin, leidet unter der zu großen Last der Menschen, Zeus verspricht Abhilfe; die Hochzeit von Peleus und Thetis gibt Gelegenheit dazu. Die Götter hatten die Meergöttin Thetis dem sterblichen Peleus verheiratet: erst hatten Zeus und Poseidon um sie geworben, doch ein Orakel warnte: ihr Sohn würde stärker sein als sein Vater. Die Götter nehmen an der Feier teil; Eris, die Göttin der Zwietracht, wirft einen goldenen Apfel unter sie: er gehöre der schönsten Göttin. Vor dem troianischen Prinz Paris streiten Hera, Athena und Aphrodite um die Ehre – verführt durch das Versprechen der Aphrodite, ihm die schönste Frau zu geben, spricht Paris ihr den Apfel zu. Die schönste Frau ist Helena, Gattin des Menelaos, König von Sparta: Paris raubt sie, Menelaos bittet seinen Bruder Agamemnon von Mykene um Hilfe – und ohnehin hatten seinerzeit alle Freier um Helena dem Erkorenen Hilfe in derartigen Nöten zugesagt. Ein mächtiges Griechenheer fährt nach Troia, belagert die Stadt zehn Jahre. Hier knüpft die *Ilias* an, dann die *Aithiopis*: nach Hektors Tod kam der Äthiope Memnon den Troianern zu Hilfe, Achill tötet ihn, wird von Apollon und Paris getötet. Den Fall der Stadt durch die List des hölzernen Pferds berichtet die *Iliupersis*, von der Heimfahrt der Griechen – nicht alle kamen unbeschadet nach Hause – erzählen die *Nostoi* (»Heimfahrten«) und die *Odyssee*.

Die kyklischen Epen sind in der uns faßbaren Form nachhomerisch, doch die Geschichte des Kriegs muß

Abb. 1. Die Zerstörung Troias: Aineias flieht mit Vater und Sohn; Kassandra am Bild Athenas; Priamos, den toten Astyanax auf den Knien, wird auf dem Zeus-Altar getötet; Hekabe verteidigt sich; Menelaos und Helena (von links). Attisch-rotfigurige Hydria des Kleophrades-Malers, ca. 500–480 v. Chr.

Homer schon vorgelegen haben: seine beiden Epen spielen vielfach auf Vorgeschichte und Folgen an – von der Hochzeit von Peleus und Thetis (XVIII 431. XXIV 534)* über das Parisurteil (III 399. IV 20) bis zum hölzernen Pferd (8,503) und der Ermordung des heimkehrenden Agamemnon (1,35). Besonders der Iliasdichter setzt sein Vorwissen dabei sehr bewußt ein: auf Vorgeschichte und Kriegsbeginn verweist er besonders in der ersten, auf Ende und Folgen in der zweiten Hälfte: so entsteht zeitliche Tiefe, die schon in der Antike gerühmte Illusion, in den wenigen Tagen der Iliashandlung sei der ganze Krieg präsent. Antik ist auch die andere Beobachtung, daß bei mehreren Anspielungen auf dieselbe Episode erst die Summe der Anspielungen die Episode deutlich werden läßt: der Dichter hatte ein festumrissenes Geschehen vor Augen.

Im Sinn der Definition von Mythos als traditioneller Erzählung sind die Stoffe der Troiaepik eben Mythen: es

* Im folgenden bezeichnen römische Ziffern die Bücher der *Ilias*, arabische diejenigen der *Odyssee*.

sind Erzählungen, die in einer (dichterischen) Tradition immer wieder neu geformt und weitergegeben werden: der Mythos transzendiert die einzelne epische Ausgestaltung. Das gilt selbstverständlich für *Ilias, Odyssee* und die Epen des Kyklos, die als individuelle Gestaltungen schon dadurch ausgewiesen sind, daß sie (mit Ausnahme der *Kypria*) alle unter einem bestimmten Verfassernamen überliefert werden: in diesem Sinn gilt auch Homer als individueller Dichter, was immer sein Name eigentlich impliziert hat. Doch gilt dies auch für die für uns verlorenen vorhomerischen Versionen: sie waren individuell in dem Sinne, daß jede solche mündliche Komposition durch die Persönlichkeit des Aoiden ebenso wie durch die Bedingungen des Vortrags und die Erwartungen der Zuhörer individuell und unverwechselbar ausfallen mußte. Das Verhältnis auch von oralem Epos und Mythos ist mithin kein prinzipiell anderes als dasjenige aller dichterischer Gestaltungen, die uns noch begegnen werden, zum Mythos, den sie als Stoff behandeln.

Anders ist vor allem die soziale Gebundenheit der jeweiligen Schöpfung des einmaligen mündlichen Epos durch den Aoiden, anders ist der Grad der Verbindlichkeit. Am Ende der archaischen Zeit gilt Homer überhaupt als Lehrer der Griechen, sind seine Epen nicht nur gültiger Ausdruck des Gottes- und Geschichtsbildes, sondern Grundlage für weite Bereiche des Lebens überhaupt: jetzt hat das Epos die Verbindlichkeit, die die mythische Erzählung in Griechenland auch sonst hat, ist die Rezitation auch eingebunden in festliche Anlässe wie etwa die Panathenäen Athens. Dies war noch nicht so bei der Schöpfung durch den Aoiden: zwar erzählt auch er traditionelle Stoffe von Göttern und Heroen (1,338), zwar beansprucht auch er durch seine Berufung auf die ihn inspirierende Gottheit eine gewisse Verbindlichkeit (etwa II 485. 8,479) – doch heißt seine Darbietung ›Bezauberung der Menschen‹, βροτῶν θελκτήρια (1,337), ist sie Unterhaltung während des Banketts der Adeligen (1,154. 8,487) oder

Vorführung am Ende eines unterhaltenden Agons bei den Phaiaken (8,254) – Achill kann gar allein für sich ein episches Lied (κλέα ἀνδρῶν) singen (IX 186). Denkbar, wenn auch nicht zu beweisen, ist, daß gerade mit dieser viel lockereren Einbindung in das soziale Leben die Freiheit der Tradition gegenüber zusammenhängt, welche besonders die *Ilias* erst zu der überragenden Schöpfung machen konnte, die sie ist. Auch dies ist freilich doch nur ein gradueller Unterschied späterer Mythenerzählung gegenüber, kein grundsätzlicher.

Auch die einzelnen Helden und Götter Homers haben eine Geschichte, die nicht auf Troia beschränkt ist, auf die der Sänger anspielend verweisen kann. So die Zeusmythen – von seiner Geburt etwa ist die Rede (XIII 354), seinem Kampf gegen Kronos und die Titanen (XIV 200), von Kronos' Gefangenschaft im Tartaros (VIII 478. XV 224), von der Verteilung der Welt unter Zeus, Poseidon und Hades (XV 187) – Hesiod hat derartige Mythen systematisiert (vgl. Kapitel IV).

Von den Heroen hat vor allem Nestor eine mehrfach breit erzählte Jugendgeschichte. Noch ganz jung siegte er allein über den riesigen Keulenmann Ereuthalion (VII 133), nahm im selben Alter an einem Überfall der Pylier auf Elis teil und brachte viel Beutevieh zurück – im folgenden Krieg der Elier will Nestors Vater den Sohn zu Hause behalten, versteckt ihm die Pferde: so geht er zu Fuß mit, erbeutet das Gespann des eleischen Königs, hätte beinahe auch die Aktorione-Molione, wagenfahrende siamesische Zwillinge, besiegt, und kehrt schließlich umjubelt nach Pylos zurück (XI 671).

Auch hier können wir eine epische Tradition voraussetzen, aus der Homer seinen Stoff bezieht; die Zeichnung von Nestor als Recke, der Bewährung im Kampf sucht und findet, fügt sich nahtlos ins epische Weltbild. Man rechnet so mit lokaler pylischer Epik in der Form kürzerer Lieder, organisiert um den einen Helden Nestor, wie dies in außergriechischen epischen Traditionen belegt ist.

Abb. 2. Herakles und die Aktorione-Molione. Böotische Fibel, ca. 725/700 v. Chr.

Auch werden die Aktorione-Molione seit der Mitte des achten Jahrhunderts dargestellt, ihre Mythen vor und außerhalb der *Ilias* erzählt; schließlich weist vielleicht auch Nestors stehendes Beiwort ἱππότα auf solche Epik: es nennt ihn »Wagenkämpfer«, der er im Epos nur noch bedingt ist. Wie vielschichtig freilich die Tradition ist, die Homer vorliegt, zeigt sich gerade hier: eingebaut in die Erzählung vom Viehraub ist die Angabe, daß Nestors elf Brüder alle einst von Herakles getötet worden seien, als er Pylos bekriegte (XI 689): Nestors mythische Biographie ist so mit dem Heraklesmythos verbunden, der in der Ilias ebenso präsent ist, von Zeus' Liebe zu Alkmene (XIV 323) bis zum Raub des Kerberos (VIII 362) und dem Zug gegen das Troia Laomedons (V 651).

Dies führt nun bereits zur dritten Gruppe von Mythen, solchen, die überhaupt nicht direkt mit der Troiahandlung verknüpft sind – zumeist Anspielungen, selten längere Erzählungen, werden sie als Exempla, Beispiele, von einer Person erzählt. Hier ist das Verhältnis zur außerhomerischen, später belegten Tradition besonders problematisch, zeigen sich doch fast immer teils bedeutsame Abweichungen. Aufschlußreich ist der ausführlich erzählte Mythos von Meleagros. Der alte Phoinix, Achills Erzieher, erzählt ihn im neunten Buch der *Ilias* als warnendes Beispiel für seinen Zögling, wie eine Gesandtschaft Achill wieder zum Kampfeintritt bewegen will.

Zwei Völkerschaften Nordwestgriechenlands, Aitoler und Kureten, kämpften um Kalydon, die Hauptstadt der Aitoler. Ursache war der Zorn der Göttin Artemis: der König hatte sie beim Opfer nicht bedacht – die Göttin sandte einen gewaltigen Eber, der das Land verheerte. Eine große Jagdgesellschaft brach auf; Meleagros tötete den Eber, doch um Kopf und Fell, die Trophäen, entbrannte ein Streit zwischen Aitolern und Kureten. Solange Kalydon von Meleagros verteidigt wurde, konnten die Kureten nichts ausrichten; doch dann erschlägt er einen Bruder seiner Mutter, einen Kureten offenbar: die Mutter verflucht ihren Sohn in einer grandiosen Szene – der zieht sich zornig zurück, und die Kureten bedrängen die Stadt; Bitten und Geschenke der Honoratioren und von Familie und Freunden stimmen Meleagros nicht um – erst als die Stadt brennt, greift er ein und rettet Kalydon, verwirkt freilich die angebotenen Geschenke.

Das Beispiel paßt überraschend: auch Achill hat sich gekränkt im Zorn zurückgezogen, und seither dringen die Feinde vor, auch zu ihm kommt eine Gesandtschaft von vornehmen Heerführern und persönlichen Freunden und bietet Geschenke; auch Achill wird die Gesandten zurückweisen, wird erst einlenken, als das Lager brennt. Um so schlechter fügt sich die Meleagroserzählung in die sonstige Tradition: hier entsteht der Streit um die Trophäen zwischen Meleagros und den Brüdern seiner Mutter, will Meleagros sie gar der einzigen mitjagenden Frau, Atalante, schenken – im Zorn erschlägt Meleagros die Onkel, und wieder zürnt die Mutter, doch rächt sie sich anders: bei Meleagros' Geburt hatten ihm die Moiren, die Schicksalsgöttinnen, zwar Schönheit und Tapferkeit vorausgesagt, aber Leben nur so lange, wie ein bestimmtes Scheit im Herde brenne – damals hatte die Mutter das Scheit gelöscht und verborgen, jetzt holt sie es hervor und legt es ins Feuer: als es zu Asche zerfällt, stirbt der Sohn.

Welche Version typologisch älter ist, scheint klar. Eine große Zahl von Erzählungen, zumeist aus dem östlichen Mittelmeergebiet, doch auch aus Litauen und Island, kennt ein solches schicksalhaftes Scheit, gelegentlich auch eine Kerze. Homer ändert, und der Grund ist deutlich: hätte die Mutter auch hier das Scheit verbrannt, wäre kein Raum geblieben für einen Rückzug im Zorn, auf den es doch allein ankommt. Die allgemeine Ähnlichkeit der Situation – der Zorn von Göttinnen, der Artemis bei Meleagros, der von Paris gekränkten Hera und Athena bei Homer, als letzter Grund, gekränkte Ehre des Protagonisten als eigentlicher Auslöser des Streits – wird es gewesen sein, die Homer zur Wahl des Exempels bewog – doch mußte er einschneidend ändern, um dann das Exempel auch verwenden zu können.

Homers Benützung außertroianischer Mythen hat also ihre Eigenheiten – die Erzählung von Meleagros steht nicht allein: als mythographischer Zeuge ist das Epos mit Vorsicht zu benutzen: nicht immer können wir Homer durch eine Parallelüberlieferung kontrollieren, die durch das erzählerische Anliegen verursachten Verzerrungen erkennen.

Ebensowenig läßt sich immer ausmachen, ob diese außerhomerische Tradition auch episch erzählt hat, oder welches sonst ihre Form war: Querverweise auf andere Epenkreise wie den thebanischen (etwa VI 223) oder den um den Argonautenzug (12,72) sind rar. Oft genug wissen wir nichts über eine unabhängige epische Tradition (für Nestor konnten wir sie immerhin erschließen), gelegentlich können wir sie erst viel später fassen.

So im Falle des Herakles. Wir sahen, daß Homer wesentliche Teile des Heraklesmythos voraussetzt, und wir kennen aus späterer Zeit auch verschiedene Heraklesepen – das vielleicht bekannteste stammte von Panyassis von Halikarnass im frühen fünften Jahrhundert, dem Onkel des Historikers Herodot. Eine andere Form, wie solche epischen Traditionen weiterleben konnten, hat ein neuerer Papyrusfund erschlossen.

Homer spielt auf die Ereignisse nach Herakles' Zug nach Troia an – wie Hera ihn im Sturm nach Kos treiben ließ (XIV 249), wie er dort Übel erfuhr (XV 26). Diese

Übel werden im neuen Text spezifiziert: Herakles hatte gegen die Meropes, die Ureinwohner der Insel Kos, zu kämpfen und wäre beinahe von ihnen besiegt worden, wenn Athena ihm nicht beigestanden hätte. Das Epos, in dem dies dargestellt war, trug den Titel *Meropis,* »Dichtung von den Meropes«; ein Autor ist nicht genannt, und die Verse gehören vielleicht erst in die klassischen Jahrhunderte.

Damit ist zum ersten Mal eine Literaturgattung faßbar geworden, von deren Existenz man längst wußte, ohne aber viel originalen Text zu haben – lokale Epen, welche die mythische Geschichte einer Stadt oder Landschaft darstellen. Viele von ihnen sind mit Sicherheit archaisch – über die genaue Entstehung wissen wir freilich nichts. Der Stoff der *Meropis* etwa ist offenbar schon der *Ilias* bekannt, und man würde eigentlich gerne annehmen, daß er schon damals in episch-dichterischer Form erzählt und tradiert worden war: lokale Mythen sind traditionelle Geschichten, die die Geschichte (im archaischen Sinn) eines Ortes aufbewahren und so das Selbstverständnis in der Gegenwart mitbestimmen: die feste Form des Hexameters mag die Konstanz des Inhaltes besser gewährleistet haben als eine lose Prosaerzählung. Freilich: spezifisch epische Inhalte wie im Falle der Nestorerzählungen fehlen. Wie verzwickt im Einzelfall die Aufgabe wird, dichterische und prosaische Mythenerzählung in einer uns verlorenen mündlichen Tradition zu scheiden, zeigt gerade der Mythos von Meleagros. Auch nach Abzug aller Veränderungen, die Homer bei seiner Erzählung vorgenommen haben kann, bleibt ein heroisch-epischer Rest, sind Jagd und Krieg eminent heroische Unternehmungen, Stoff des Epos. Zwar führt Meleagros kein Beiwort, das ihn in eine epische Tradition einordnete, doch heißt seine Stadt, Kalydon, zweimal Καλυδῶνος ἐϱάννης (IX 531. 577), was ebenso kontrastiert zur sonstigen epischen Nennung wie zur realen gebirgigen Lage: da mag sich in der epischen Tradition die Erinnerung an einen früheren

Zustand bewahrt haben, als das Stadtgebiet noch die fruchtbare Küstenebene umfaßte. Und Phoinix, der Erzähler, beruft sich zu Beginn der Meleagergeschichte auf Kunde vom Ruhm früherer Helden (IX 524): auch dies deutet auf epische Tradition. Derartige Hinweise fehlen in den Erzählungen vom Scheit: ob sie auch schon in epischer (oder anderer dichterischer) Form tradiert wurden, können wir nicht wissen. Eine dritte Version sieht wieder heroisch-episch aus: Hesiod berichtet, Meleagros sei von Apollon getötet worden (frg. 25): das erinnert an den Tod Achills oder Hektors und schließt das Scheitmotiv eigentlich aus. Ob Hesiod neuert oder ob er seinerseits aus einem epischen Bericht schöpft, ist ungewiß.

Sind Mythen so jedenfalls Inhalt der epischen Tradition vor Homer, wird die Frage nach ihrer Herkunft unausweichlich. Dabei soll keineswegs einem fernen Ursprung der Mythen nachspekuliert werden: die Forschungsgeschichte zeigt die Problematik eines solchen Unternehmens eindrücklich genug. Vielmehr geht es darum, mögliche Vorstufen der homerischen Tradition wenigstens anzudeuten, und die Andeutungen sollen auf den Heroenmythos beschränkt bleiben: im Falle des Göttermythos gerät man, wo nicht orientalisches Erzählen als Vorbild ausgemacht werden kann (s. Kapitel IV), unvermittelt ins Gestrüpp der Ursprungshypothesen griechischer Religion. Für die Heroenmythologie wird die Herkunftsfrage noch immer dominiert durch M. P. Nilssons These vom mykenischen Ursprung der griechischen Mythologie (*The Mycenaean Origin of Greek Mythology*, 1932). Demzufolge stammen die Heroenmythen (Nilssons programmatischer Titel ist hier unscharf) aus mykenischer Zeit – Hauptbeweis dafür ist die Feststellung, daß die Bedeutung einer Stadt im Mythos eine Funktion ihrer Bedeutung in mykenischer Zeit sei: aus der Geschichte des mykenischen Griechenland seien die Geschichten der griechischen Heroen entstanden – wobei dann im Einzelfall der Mythos doch nicht auf Geschichte reduziert werden kann, sondern oft genug ein »folk tale«-Motiv, also traditionelles Erzählen, angenommen werden muß.

Nilssons These ist in weiten Teilen, besonders der deutschen und angelsächsischen Forschung, akzeptiert worden, und die Entzifferung der mykenischen Linearschrift B durch Michael Ventris (1952) schien ihm Recht zu geben: zahlreiche in Mythos und Epos vorkommende Eigennamen fanden sich schon im Mykenischen – nur wurden sie hier von gewöhnlichen Sterblichen, Schmieden, Hirten oder Sklaven, getragen. Gerade daraus aber ergibt sich, daß die Mythen nachmykenisch sein müssen: es ist kaum denkbar, daß eine große Zahl von mythischen Gestalten ihre Namen mit gewöhnlichen Sterblichen teilte, vielmehr hat der Mythos zur Folge gehabt, daß diese Namen als Menschennamen nicht mehr verwendet wurden, wie dies im historischen Griechenland festzustellen ist. Und auch Nilssons Hauptargument hat unterdessen einiges an Stringenz verloren: es gibt mythisch bedeutsame Orte ohne große mykenische Vergangenheit – die Städte Argos oder Sparta etwa, oder Ithaka, wo Schliemann vergeblich einen Palast des Odysseus gesucht hatte; es gibt mykenische Siedlungen oder Paläste ohne erkennbare Mythen, Gla in Böotien etwa, Asine in der Argolis oder Milet: von der mykenischen Kolonisation Ioniens spricht der Mythos ebensowenig wie von der mykenischen Eroberung des minoischen Kreta.

Für die Geschichte muß gelten, was für die Realien sich langsam durchgesetzt hat: Mythos und Epos entwerfen kein verläßliches Bild der mykenischen Welt, auch wenn Äußerlichkeiten mykenisch anmuten. Zwar ist der Königstitel Fάναξ, den Agamemnon in der Ilias führt, das mykenische Wort für König, während es später außerhalb der epischen Sprache obsolet ist; zwar schildert Homer einen mit Eberzahnplatten gepanzerten Helm, den mykenische Krieger offenbar häufig trugen, zwar ist Pylos, Nestors Reich, durch Palast und Täfelchen bekannt – doch ist dies alles unscharf: Fάναξ heißt jeder mykenische

Kleinkönig, nicht bloß der Herr von Mykene (für den unser Material den Titel bisher noch nicht belegt hat); den Eberzahnhelm betrachtet Homer als kostbare Antiquität, nicht als beinahe Standardausrüstungsgegenstand, und vielleicht hat tatsächlich irgendwo so ein Helm die dunklen Jahrhunderte überlebt; die Geographie des mykenischen Pylos ist nicht diejenige, die Homer voraussetzt – Unschärfen, die nicht erstaunen, wenn die Überlieferung von Mythos und Epos erst nachmykenisch einsetzt. Damit verliert die Annahme, historische Ereignisse mykenischer Zeit seien im Mythos aufbewahrt, jeden Grund.

Ein Blick auf die vom Epos her wichtigste Frage, diejenige nach der Historizität des troianischen Kriegs, ernüchtert noch weiter. Bevor Heinrich Schliemann Troia und Mykene ausgegraben hat, die *Ilias* in der Hand, hatte die Wissenschaft an die Realität des Krieges nicht glauben können – noch 1906 tat Wilamowitz Historisierungen des Epos ab mit der Bemerkung ›darüber ereifert man sich nicht, nimmt es aber auch nicht ernst‹. Beeindruckt durch die so handgreifliche Evidenz von Schliemanns Funden, änderte man rasch seine Meinung: seitdem versuchen schon mehrere Generationen von Althistorikern, den Krieg in der Geschichte Mykenes oder Kleinasiens zu verankern. Bedenken regten sich erst in jüngster Zeit, doch muß man sie ernst nehmen.

Das wichtigste Argument derer, die die Historizität des troianischen Kriegs verfechten, war ein archäologisches: eine der übereinanderliegenden Städte, Troia VIIa, sei zu dem Zeitpunkt zerstört worden, den die Mehrheit der antiken Historiker als Datum des troianischen Kriegs annahm, nicht lange nach 1200 v. Chr. Nur ist das antike Datum Ergebnis reiner Spekulation aufgrund von halbmythischen Genealogien und Königslisten (über 800 v. Chr. reicht keine sichere griechische Überlieferung zurück) – andere antike Historiker vertraten denn auch stark abweichende Daten. Zudem: zwar wurde Troia VIIa durch Gewalt zerstört, es kann aber auch die Gewalt eines Erdbebens samt folgender Feuersbrunst gewesen sein – Feindeinwirkung ist nicht nachzuweisen, die Herkunft eventueller Feinde schon gar nicht.

Eine andere Überlegung geht davon aus, daß Epen gerne an historische Ereignisse anknüpfen – das Rolandslied an einen Spanienzug Karls des Großen, das Nibelungenlied an die burgundische Herrschaft und die Hunnenexpansion. Es gibt freilich Gegenbelege genug – ein historischer Ausgangspunkt ist für das Gilgameschepos etwa umstritten, für das finnische Kalevala undenkbar. Vor allem aber: unabhängige historische Überlieferung zeigt, wie gewaltig verändert wird: Karls Spanienzug war eine kleine Expedition, deren Nachhut durch Basken, nicht Sarazenen überfallen wurde; die Burgunder zogen nie gegen Etzel ins Feld, der Hunnenkönig und der Gote Theoderich (Dietrich von Bern) waren keine Zeitgenossen. ›Niemand, der vernünftig denkt, würde mit Hilfe des Rolandslieds die Schlacht von Roncevaux, mit Hilfe des Nibelungenlieds die Burgunder und Hunnen des fünften Jahrhunderts studieren wollen: ich sehe nicht ein, wieso die Dinge beim troianischen Krieg so ganz anders liegen sollten‹ (M. I. Finley).

Das heißt: wir besitzen am Troiamythos keinen Beleg für die Historizität des troianischen Kriegs – doch auch keinen schlüssigen Beweis für das Gegenteil. Nilssons Feststellung einer Beziehung zwischen mykenischer und mythischer Bedeutung griechischer Orte, die mit einigen Abstrichen zutrifft, und die mykenischen Eigennamen des Mythos können darauf weisen, daß griechische Heroenmythen in irgendeiner Form an Mykenisches anknüpfen. Wenn aber die Erzählungen vom mykenischen Zeitalter erst nachmykenisch einsetzen, sind es die eindrücklichen Ruinen von Mykene, Tiryns oder Troia, welche Anlaß boten zur Anknüpfung, so daß außer Ortsnamen nichts mykenisch ist; eine ebenfalls mykenische Stadt wie Milet ist episch uninteressant deswegen, weil sie erst außerhalb der Reichweite der Griechen der ›Dark Ages‹

liegt, dann von neuen Kolonisten gleich überbaut wurde. Im Einzelfall haben wir keine Handhabe zur Entscheidung: der troianische Krieg mag tatsächlich ein griechischer Zug gegen die Burg von Hissarlik an den Dardanellen gewesen sein (eine überzeugende Motivation konnte freilich bisher noch kein Historiker beibringen, und für auch nur eine mehrwöchige Belagerung hätte mykenische Logistik wohl kaum ausgereicht), er kann auch ein rein lokaler Konflikt in Mittelgriechenland gewesen sein, worauf die Namen Ilion und Troia deuten können, der zu epischen Dimensionen aufgebaut und von den einwandernden Aeolern mit der Ruinenstadt von Hissarlik verbunden wurde, oder er kann auch gar nicht stattgefunden haben: daß viele Elemente der epischen Erzählung sich in ein rituelles Schema fügen ließen, wurde jüngst gezeigt.

Noch etwas kommt dazu. Auch wenn der epische Dichter versichert, ἀτρεκές, »unverzerrt« die Tradition zu berichten, die Muse göttliche Garantin dieser ἀτρέκεια ist, so ist eine rein mündliche, durch keine schriftliche Fixierung kontrollierbare Tradition erstaunlich veränderlich: ethnologische Beobachtungen zeigten, wie rasch sich Mythen ändern können, wenn sich die Umwelt, auf die sie sich beziehen, ändert – gelegentlich reicht eine Generation für starke Veränderungen aus: solange der Inhalt mündlicher Traditionen in einer Gesellschaft lebt und von vitaler Bedeutung ist, paßt sie sich an, unbemerkt von ihren Trägern. Gewiß gibt es auch Gegenbeispiele – aber es wäre verwegen, gerade die Troiatradition der dunklen Jahrhunderte dazu zu rechnen.

Freilich: das Eigentliche von Mythos und Epos machen mögliche geschichtliche Beziehungen gar nicht aus: was von der Ilias haftet, ist etwa das großartige Bild Apollons, der die Pest sendet, oder Zeus' Liebeslager auf dem Ida, und was den troianischen Krieg ausmacht, ist der große Plan des Zeus, der Streit der Göttinnen und das Parisurteil, die Eroberung der Stadt durch das hölzerne Pferd: das sind nicht auf Geschichte reduzierbare Ereignisse (vgl.

Kapitel 1). Ebenso sind die Hauptheldden keine historischen Gestalten: auch wenn Agamemnon und Menelaos gut griechische Namen haben, leben sie im Mythos ein Eigenleben, das mit ihrer allfälligen historischen Existenz nichts gemein hat – wie man vergeblich versuchen wollte, die Beschreibung des homerischen Ilion auf dem Grundriß von Troia VIIa einzutragen. Helena war nie eine Sterbliche, hat Kult als Göttin an mehreren Orten der griechischen Welt, wie Odysseus auf Ithaka vielleicht einen schon bronzezeitlichen Kult hat, der bruchlos in die historische Zeit läuft. Achill schließlich: Sohn einer Meerjungfrau und eines Sterblichen, verwundbar nur an der Ferse, wo Thetis ihn über das unsterblich machende Feuer gehalten hatte, aufgezogen durch den Kentauren Cheiron, Besitzer göttlicher, redebegabter Pferde, Träger einer Rüstung, die der Schmiedegott Hephaistos persönlich geschmiedet hatte: auch wenn Achills Name in mykenischer Zeit bezeugt ist, so hängt er doch im Mythos an einer Gestalt, deren Wesenskern mythisch ist, so wie die ganze Troiahandlung mythisch ist.

Der vage Terminus ›mythisch‹ verlangt Konturierung und Tiefe. Mythisch meint hier nicht einfach nicht-historisch, fiktional. Längst ist gezeigt, daß Achilles an einen Epheben erinnert, den griechischen Jungkrieger zwischen Adoleszenz und Erwachsenenleben, daß Teile seines Mythos – daß ihn der halb tierische, halb göttliche Kentaur erzog, daß er in Mädchenkleidern unter den Töchtern des Thestios auf Skyros sich versteckte – auf Praktiken und Mythen primitiver Initiationsrituale zurückweisen; Einzelheiten der homerischen Schilderung Achills gehen zudem zusammen mit solchen des irischen Jungkriegers Cû Chulainn, finden ihre reale Entsprechung in der kriegerischen Ekstase, der *wuot*, die man für indoeuropäische Krieger erschlossen hat. Gleichfalls kann die Jugendgeschichte Nestors mit ihrem Kampf gegen den ungeheuren Keulenmann, dem Viehraub und der Erkämpfung eines Streitwagens, die zur Akklamation in Pylos führt, verbunden werden mit der Jugendgeschichte desselben Cû Chulainn, der ein ungeheures Gespenst mit seinem Hokkeystab erschlug, sich beim Viehraub bewährte und schließlich seinem Onkel Conchobor eine Rüstung ablistete, worauf er als vollwertiger Krieger auftreten konnte: wieder öffnet sich im Hintergrund die Institution der indoeuropäischen Kriegerinitiation – vielleicht sogar des indogermanischen Mythenerzählens: die gemeinsame Episode vom Kampf des jungen Helden gegen das Ungeheuer kann eigentlich nur als Erzählung verstanden werden. Und schließlich hat man darauf verwiesen, daß die Erzählung, wie ein Held eine Stadt belagert, deren König seine Ehre verletzt hat und die schließlich durch List (öfters durch Tierverkleidung) genommen wird, mehrfach in kaukasischen Mythen vorkommt und auf eurasische Entsprechungen der Troiasage weisen kann, daß eine rituelle Stadteroberung in manchen Festen europäischer Jungmänner vorkommt, was wiederum auf indoeuropäisches Brauchtum als letzte Wurzel der Erzählung weisen könnte.

Parallel zu diesen Versuchen, indoeuropäisches Ritual und Erzählgut im Epos der Griechen aufzuspüren, ging die vergleichende Sprachwissenschaft den Elementen einer indoeuropäischen Dichtersprache nach. Entscheidend ist, daß die Metaphern für dichterisches Schaffen bei Griechen, Indern und Iraniern dieselben sind – das weist auf indoeuropäisches Dichtertum – und daß den homerischen Ausdrücken κλέα ἀνδρῶν und κλέος ἄφθιτον indoiranische Ausdrücke eng entsprechen – das führt auf indoeuropäische Heldendichtung, in der das Thema vom Ruhme der Männer ebenso zentral war wie bei Homer.

Damit ist von zwei unabhängigen Ansätzen her die Existenz einer indoeuropäischen epischen Dichtung, deren Formeln in die Kunstsprache Homers einfloß, und diejenige von indoeuropäischen Institutionen, vielleicht auch auf ihnen basierender Mythen wahrscheinlich gemacht worden. Die epische Mythenerzählung der Griechen erhält so eine Tiefendimension, die weit ins dritte Jahrtausend vor Christus zurückführt, lange vor die Blüte der mykenischen Zivilisation.

Die Spuren des mykenischen Griechenland im Mythos erhalten jetzt ein neues Aussehen: sie sind nicht länger Indiz für ›the Mycenaean Origin of Greek Mythology‹. Man wird sich vielmehr vorstellen müssen, daß in nachmykenischer Zeit die Erinnerung der Griechen an ihre große und so rasch gestürzte Vergangenheit darin ihren Niederschlag fand, daß alte Mythen in der mündlich-epischen Tradition nun an mykenischen Zentren lokalisiert, den Helden die Namen mykenischer Großer gegeben wurden; nicht anders haben die irischen Barden ihre Tradition an Ulster und an Cû Chulainn geknüpft.

Das impliziert Mythenerzählung, vielleicht in epischer Form, auch für die mykenische Zeit. Sie zu belegen, ist vorläufig unmöglich. Mykenische Texte haben zwar eine ganze Reihe von göttlichen Opferempfängern bekanntgemacht, von denen die meisten auch dem späteren griechischen Pantheon angehören: diese Götter werden auch ihre Mythen gehabt haben – nur wird dies aus den Texten, die reine Verwaltungsdokumente sind, nicht ersichtlich. Heroennamen treten in den Opferlisten keine auf, sieht man von einem allgemeinen Trisheros und einer Ipimedeja ab, die man als Iphimedeia verstehen kann, mit dem typisch zweigliedrigen Personennamen schon mykenischer Zeit – wenn nur die sprachliche Analyse zweifelsfrei wäre: Iphimedeia und Iphimede kennen jedenfalls schon Hesiods *Kataloge* (frg. 19. 23). Bildliche Darstellungen von Mythen sind, soweit man sieht, im mykenischen Griechenland kaum wahrscheinlich zu machen; die Darstellung von Heroen ist auch prinzipiell problematisch, sind sie doch kaum von Menschen zu unterscheiden (attische Vasenmaler halfen sich mit Namensbeischrift). Bekannt ist eine Reihe von mykenischen Vasenbildern aus Zypern und Nordsyrien, auf denen Wagenfahrten, der Kampf mit einem Riesenvogel, der Auszug von Kriegern dargestellt ist: Anknüpfungen an bestimmte griechische Mythen sind kaum möglich; wenn nicht überhaupt Alltagsszenen gemeint sind, können auch vorderorientalische Mythen dargestellt sein.

Wenn aber nicht nur die modernen Gelehrten, sondern praktisch alle antiken Historiker davon überzeugt waren, daß die epische Darstellung ihrer Mythen Geschichte aufbewahre, führt dies noch einmal zu einer Eigenheit des Epos. Es gibt sich selber als eine Art Geschichte: innerhalb des Epos regiert eine fiktive, einigermaßen konsequente Chronologie: die Väter der Troiakämpfer gehören zur Generation des Herakles, der Troia unter Priamos' Vater Laomedon angegriffen hatte (daß es Priamos' Söhne sind, nicht Priamos selber, die gegen die Griechen kämpfen, strapaziert die Chronologie nicht allzu stark); zu jener Generation hatten auch die Thebenkämpfer gehört und die Argonauten. Nichttroianische Mythen werden gerne als Erinnerungen eingeführt, was ihnen eine gewisse Authentizität gibt: an den Meleagermythos erinnert sich Phoinix als an etwas Altes, die Sage von Bellerophon, dem Reiter des Flügelpferdes Pegasos, wird eingebunden in den Stammbaum des Lykerkönigs Sarpedon, der vor Troia kämpft (VI 145).

Eine derartige Historisierung ist charakteristisch überhaupt für Mythenerzählungen, welche wie die epische verschiedene, ursprünglich getrennte mythische Stoffe zu einer umfassenden Erzählung zusammenbaut: die Organisation einer gewaltigen Stoffmasse zwingt zur rationalen Durchdringung und damit zur Heraushebung einer Mythenchronologie. Darüber hinaus ist rationale Nüchternheit auch charakteristisch gerade für den Erzählstil des homerischen Epos, das sich möglichst fernhält von allzu Phantastischem, Märchenhaftem, Magischem – auch wenn heroische Dichtung weltweit sich das Aussehen von Geschichte gibt, gar wie im Falle des Nibelungenlieds oder des Rolandslieds von historischen Ereignissen ausgeht, ist der homerische Realismus ungewöhnlich. Gewiß gilt dies mehr für die *Ilias* als für die *Odyssee* – symptomatisch ist die Szene, in der das Pferd Xanthos dem Achilles seinen Tod voraussagt: ›wie es so sprach, verschlossen die Erinnyen seine Redegabe‹ (XIX 418): Widernatürliches wird gleich korrigiert; symptomatisch ist auch, daß im Meleagermythos das magische Scheit ersetzt wird durch den Fluch der Mutter – und doch sollte man sich durch die Monster und die Magie auch der *Odyssee* nicht täuschen lassen: die allermeisten derartigen Episoden gehören in die Fahrterzählung des Odysseus, welche außerhalb unserer heimischen Welt spielt, wohin Odysseus durch einen neun Tage wütenden Sturm getragen wurde (9,82). Und selbst hier ist das vielleicht eindrücklichste Ungeheuer, der riesige, einäugige Kyklop, nicht nur in eine detaillierte und milchwirtschaftlich präzise Szene gesetzt, sein Bild nimmt auch in Umkehrung auf die vertraute Welt von Homers Gegenwart Bezug: der Kyklop ist gesetzlos, nährt sich nicht von Getreide, lebt fern von allen, und seine Welt kennt weder Getreidebau noch ›ratschlagende Marktplätze und Gesetze‹, weder Seefahrt noch Handel (9,106).

Zwar hört die epische Überlieferung mit der Generation der Söhne der Troiakämpfer auf, folgt eine dunkle Zeit ungewisser Ereignisse, bis kaum lange vor 800 die historische Erinnerung einsetzt: doch der epische Dichter kann kraft seiner Erinnerung und der Hilfe der Musen diese Jahrhunderte überbrücken: das gehört zum epischen Stil vieler Völker. Doch kann dies leicht auch verstanden werden als Anspruch darauf, den Ausgangspunkt der Tradition, das heroische Zeitalter, historisch genau wiederzugeben – wenn einmal der Wunsch nach solchem Wissen aufkommt: eben dies scheint im Lauf des achten Jahrhunderts eingesetzt zu haben. Es war dies das erste blühende Jahrhundert nach dem Fall der mykenischen Zivilisation und der folgenden Zeit von Ärmlichkeit und Abgeschlossenheit: die ersten archäologisch faßbaren Tempel wurden gebaut, Kontakte innerhalb Griechenlands wurden häufiger und selbstverständlicher, die ersten Griechen ließen sich in Ost und West außerhalb Griechenlands nieder, die ersten ionischen Kaufleute drangen ins Schwarze Meer vor. Erfahrung fremder Kulturen und größere Mobilität im Innern legten den Grund zum Bewußtsein hellenischer Eigenständigkeit: die Gründung der gemeingriechischen olympischen Spiele, traditionell ins Jahr 776 angesetzt, ist symptomatisch. In der zweiten Hälfte des Jahrhunderts beginnt der Kult epischer Heroen an mykenischen Ruinen und Gräbern: die Reste einer früheren Zeit wurden zum Problem, und die Erklärung gaben die Erzählungen der epischen Tradition (keineswegs schon notwendigerweise Homers, also der *Ilias* und *Odyssee* in der uns bekannten Form): hier wurde eine allen Griechen gemeinsame Geschichte gefunden. Daß dann gerade das Troiaepos bedeutsam wurde, erstaunt nicht: es hatte nicht nur in der *Ilias* eine auch künstlerisch überragende Darstellung gefunden, es sprach auch sonst an: in ihm war die Rede von einem gemeinsamen Zug aller Griechen gegen Barbaren, und es wurde erklärt, weshalb das heroische Zeitalter zu Ende gegangen war: eben durch den Beschluß des Zeus, wie der Eingang der *Kypria* zeigte.

IV

Die Entstehung der Welt und der Götter

In zeitlicher Nähe zu den homerischen Epen entstand ein anderes episches Gedicht, das zentral ist für die Mythologie der Griechen: die *Theogonie* (»Götterentstehung«) des Hesiod von Askra in Böotien. Anders als Homer ist Hesiod eine historische Persönlichkeit: ein späteres Werk, die *Werke und Tage*, gibt biographische Einzelheiten, und die *Theogonie* beginnt mit einem Prolog, in dem Hesiod von seiner persönlichen Begegnung mit den Musen erzählt: viele Lügen könnten sie erzählen, sagten sie ihm dabei, aber auch die Wahrheit, und Gesang über Vergangenheit und Zukunft hätten sie ihm gegeben. Hesiod hat die Wahrheit persönlich erfahren.

Die *Theogonie* ist mithin ebensowenig unreflektierte traditionelle Erzählung wie Homers Epen. Freilich sind Berichte über die Entstehung der Welt und der Götter fester Bestandteil der mythischen Überlieferung vieler Kulturen: Hesiods Gedicht ruht so auf einer Tradition. Und auch der Sänger Hesiod steht in einer Überlieferung: Sprache und Formeln gehen weitgehend mit der homerischen Tradition zusammen, und seine Mythen berühren sich mit homerischen; wieweit hinter Hesiod allenfalls eine eigene böotische Sängertradition steht, ist umstritten. Das Eigene Hesiods scheint so weniger die Erfindung gewesen zu sein als die Auswahl, Anordnung und Verknüpfung der traditionellen Stoffe. Andererseits wurde die *Theogonie* schon bald Teil des rhapsodischen Repertoires: von daher rühren die in ihrem Umfang umstrittenen und früher oft überschätzten Einschübe und Erweiterungen – in der mündlichen rhapsodischen Tradition konnte sich die *Theogonie*, deren Handlung nicht so dicht und zielstrebig geknüpft ist wie die der *Ilias* oder der *Odyssee*, weniger leicht unversehrt erhalten.

Hesiods Bericht von der Entstehung der Götter beginnt mit dem Chaos, der gähnenden Leere. Dann entsteht ›die breitbrüstige Erde‹ (*v.* 117), entsteht Eros, das Prinzip der geschlechtlichen Fortpflanzung: von jetzt an wird – mit Ausnahmen – jedes neue Wesen Vater und Mutter haben. Vorerst freilich fehlen Geschlechtspartner: aus Chaos entstehen Erebos und schwarze Nacht, dann das helle Himmelslicht (Αἰϑήρ) und der Tag als Kinder der Nacht; die Erde gebiert den Himmel, Uranos, die Berge, schließlich Pontos, das Meer. Gaia und Uranos sind das erste Paar, ihre Kinder die Titanen, die einäugigen Kyklopen und die riesigen Hunderthänder: »Erde« und »Himmel«, halb gestalthaft, halb ungeformte Naturkräfte, haben Neigung zu ungeschlachten Kindern. Erschrocken ob der Scheußlichkeit seiner Nachkommen läßt Uranos sie nicht aus Gaia geboren werden: auf Bitten und mit Hilfe der Mutter schlägt Kronos mit einer ›gezähnten Sichel‹ dem Vater das Zeugungsglied ab: Uranos kann sich nicht mehr mit Gaia vereinen, die Kinder werden frei, und Kronos wird König der zweiten Göttergeneration. Dies ist Hesiods Version eines verbreiteten Mythos, daß am Anfang der Schöpfung Himmel und Erde getrennt werden müssen. Aus dem Blut des Uranos, das auf Gaia fällt, entstehen Giganten, Erinnyen (die Rachedämonen), Baumnymphen, aus dem Schaum seines Samens, der sich aus dem ins Meer geschleuderten Glied ergießt, wächst Aphrodite, die »Schaumgeborene«.

An diese erste längere Erzählung schließen sich neue Genealogien an: die Kinder der Nacht, meist dunkle Mächte wie Schlaf, Tod oder Streit, die Nachkommen von Gaia und Pontos, Wasser- und Meerwesen, die Kinder der Titanen, zuletzt von Kronos und Rhea, seiner Schwester. Kronos ist kein besserer Vater als Uranos: ein Orakel sagte ihm voraus, daß sein Sohn ihn absetzen werde: so verschlingt er seine Söhne. Orakel lassen sich nicht täuschen: den letztgeborenen Sohn, Zeus, verbirgt die Mutter in Kreta, gibt dem Vater statt dessen einen in Windeln gewickelten Stein zum Verschlingen. Rasch herangewachsen, besiegt Zeus den Vater ›mit List und Gewalt‹ (*v.* 496), läßt ihn den Stein und seine Geschwister wieder ausspeien (der Stein markiert in Delphi den Nabel der Welt), befreit die Kyklopen, die Kronos unter die Erde eingesperrt hatte: als Dank erhält er von ihnen den Blitz.

Wieder folgt Genealogisches – die ungeratenen Söhne des Titanen Iapetos, die Zeus alle bestrafen wird, zuletzt Prometheus, den er an eine Säule fesselt, wo ihm ein Adler regelmäßig an seiner immer nachwachsenden Leber frißt, bis viel später der Zeussohn Herakles ihn befreit. Die bizarre Strafe muß begründet werden: eine lange Erzählung von Prometheus' Versuch, Zeus' Klugheit zu täuschen, schließt sich an, seltsam datiert: ›als nämlich die Götter und Menschen sich trennten zu Mekone‹ (*v.* 535). Hier verteilte Prometheus einen geschlachteten Ochsen: auf einen Haufen legte er Fleisch und Innereien, deckte sie mit Haut und Magen, auf den andern Haufen legte er die Knochen, hübsch zugedeckt mit leckerem Fett. Zeus protestiert über die ungleiche Teilung, Prometheus läßt ihn wählen: Zeus beansprucht prompt den äußerlich schöneren Teil – seitdem opfern die Menschen den Göttern Knochen und Fett, essen Fleisch und Innereien selber; Zeus, betont Hesiod, wählte absichtlich falsch, denn er sann Böses gegen die Menschen (die Korrektur zeigt, daß Hesiod einen älteren Stoff übernimmt). Aus Rache verbirgt er ihnen das Feuer, Prometheus stiehlt es ihnen zurück – im Gegenzug sendet Zeus den Menschen ›das schöne Übel‹, καλὸν κακόν (v. 585), die Frau – Pandora, wie sie anderswo heißt: wer seither heiratet, läßt sich auf ein vielleicht ruinöses Abenteuer ein, doch wer nicht heiratet, dem fehlen im Alter die Kinder, die ihn nähren und pflegen, und sein Besitz wird nach seinem Tod verteilt werden.

Zeus' Auseinandersetzung mit Kronos und den Titanen war noch nicht zu Ende: zehn Jahre kämpften beide Seiten unentschieden, bis Zeus, wieder auf Anraten der Gaia, die drei Hunderthänder befreit und als Verbündete gewinnt: eine gewaltige Schlacht hebt an, Erde und Himmel dröhnen, Olymp und Tartaros erzittern, Zeus greift mit dem Blitz (zum erstenmal?) ein; die Hunderthänder treiben die Titanen in den Tartaros und fesseln sie dort.

Eine Schilderung des Tartaros und seiner Bewohner schließt sich an (umstritten ist, ob wirklich alles schon hesiodeisch ist). Dann folgt eine letzte Auseinandersetzung: nach der Vertreibung der Titanen gebiert Gaia, bisher treue Ratgeberin der jüngeren Götter, das Ungeheuer Typhoeus; Gaias Motive sind unklar. Fast wäre Typhoeus König geworden, hätte nicht Zeus ihn rasch mit seinem Blitz bekämpft: besiegt wird das Ungeheuer in den Tartaros gebannt, und es entstehen aus ihm die schädlichen Winde – die nützlichen, Notos, Boreas, Zephyros, waren längst entstanden als Kinder der Eos,

Abb. 3. Zeus und Typhoeus. Chalkidische Hydria, Mitte des 6. Jh. v. Chr.

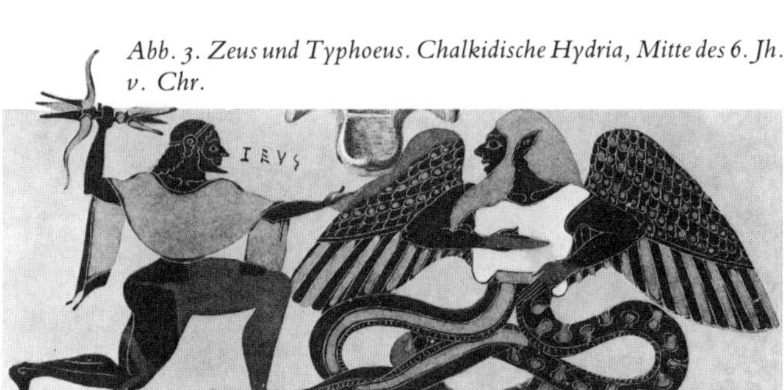

»Morgenröte«. Nun endlich hat Zeus seine Herrschaft gesichert; er verteilt den Göttern ihre Funktionen (τιμαί).

Es folgt ein langer Katalog von Zeus' Ehen – zuerst mit Metis, die er verschlingt, als Gaia prophezeit, ihr gemeinsamer Sohn werde den Vater stürzen: darauf wird Zeus mit Athena schwanger, gebiert sie aus seinem Kopf – dann mit anderen Göttinnen, schließlich mit sterblichen Frauen; ebenso ist von den Ehen der andern männlichen Olympier die Rede. Ein epilogartiger Doppelvers schließt ab – es folgt, mit eigenem Prolog, ein Katalog der Göttinnen, die mit sterblichen Männern Kinder hatten: offensichtlich ein Zusatz, der zu den *Frauenkatalogen* (*vgl.* Kapitel VI) überleiten soll.

Der Überblick zeigt, wie sehr Zeus und die von ihm beherrschte gegenwärtige Weltordnung im Mittelpunkt der *Theogonie* steht: das Gedicht ist eine Deutung der jetzigen, unserer Welt, der Zeus vorsteht. Die erste Göttergeneration um Gaia und Uranos gibt den physischen Rahmen, Erde, Himmel, Meer und Berge, gibt die rätselhaften, feindlichen Ungeheuer der mythischen Vergangenheit, Gegner der Kroniden wie der jeweils erwähnten Heroen, die sie bekämpfen; die von den Uraniden sorgfältig getrennte Nachkommenschaft der Nacht, des Geschöpfs des Chaos, schafft außer Aither (Himmel) und Tag die zerstörerischen und unheimlichen Potenzen am Grund der Existenz. Mit der zweiten Generation von Kronos und Rhea beginnt der Kosmos sich zu bewegen – Sonne, Mond und Sterne, Flüsse und Winde entstehen, es entstehen geistige Prinzipien, die die Grundlage der Jetztzeit sind, Themis, das göttliche Recht, Mnemosyne, das Gedächtnis, Bewahrerin der Tradition, ohne die menschliche Gesellschaft nicht sein kann, Metis, die listige Klugheit, dazu die ambivalenten Kräfte Eifer, Sieg, Kraft und Gewalt. Doch erst die dritte Generation, die des Zeus, schafft im Kampf mit Kronos und seinen ungeheuren Helfern die vertraute Welt. Jede Generation hatte die vorhergehende gewaltsam beseitigen müssen (wobei die Gewalt jedesmal mit einer Untat des Vaters gerechtfertigt wird): erst Zeus kann dadurch, daß er Metis sich einverleibt, seine Ordnung dauerhaft festigen; er hatte sich zudem, als er im Alleingang den Gaia-Sohn Typhoeus besiegte, auch von der Leitung der Gaia emanzipiert.

Die Präsenz des Zeus im Vordergrund der *Theogonie* entspricht seiner Präsenz im Pantheon einer griechischen Stadt; die »Ehren«, τιμαί, die er vergeben hat, drücken sich in der Menschenwelt im Kult aus, in den Opfern und Gebeten an einzelne Götter. Die kultische Rolle charakterisiert auch jene Götter der Vorzeit, denen die Polis tatsächlich Kult gibt, allen voran Kronos und Gaia. Im Kult ist Kronos genauso von Zeus' Welt ausgeschlossen wie in der *Theogonie*, und wenn er (etwa an den athenischen Kronia) Opfer erhält, so geschieht dies dann, wenn Zeus' Ordnung für eine Weile aufgehoben ist, wenn in der Jahresfuge ein karnevaleskes Interregnum herrscht: von daher rührt auch die mythische Doppeldeutigkeit des Kronos, der nicht nur Zeus' Gegner, sondern auch König des Goldenen Zeitalters ist: die vorübergehende Lösung der alltäglichen Bindungen weckt Gefühle von unerreichbarem Glück. Ähnlich Gaia, die einzige Gottheit der ersten Generation, die regelmäßig Kult erhält – nicht als die wohltätige »Mutter Erde«, wie dies romantisierende Religionswissenschaftler deuteten, sondern als ambivalente Gottheit mit seltsam tabubeladenen Opfern am Rande der Polisreligion, unumgängliche, aber nicht ganz geheure Potenz.

Es fehlt in diesem Bericht über die Entstehung der Welt und der Götter – eine Zweiteilung, die Hesiod eigentlich nicht gemäß ist: die Welt ist Götter – etwas, was wir, geprägt in biblisch-christlicher Tradition, vermissen: die Entstehung der Menschen. Die Menschheit ist unvermittelt da bei der Trennung in Mekone, wo sie doch zugleich seltsam unfaßbar bleibt hinter Prometheus, der sie vertritt. Wenn wir eine Information aus den *Werken und Tagen* herübernehmen dürfen, so lebten die ersten Menschen unter Kronos, Geschöpfe der damaligen Götter, der Titanen: das Erscheinen der Menschen reicht zurück in jene Vorzeit, Zeus muß von vorneherein mit ihnen rechnen – das mag das Einstehen des Titanen Prometheus für sie erklären. (Später, seit dem vierten Jahrhundert, ist Prometheus überhaupt Schöpfer der Menschen, ja aller Lebewesen – was dann etwa Goethe seinem Prometheus-Gedicht zugrunde legt: Hesiod schweigt sich darüber noch aus.) Was zwischen Prometheus und Zeus geschieht, ist zentral für die jetzige Menschheit: was immer ihre frühere Stellung war, die Ereignisse in Mekone ordnen sie in die Welt des Zeus ein, definieren ihre gegenwärtige Stellung in dieser Welt – in drei Bereichen: die Opferteilung begründet das griechische Normalopfer mit seiner ungleichen und anstößigen Verteilung der Gaben, definiert zugleich die Haltung des Menschen gegenüber den Göttern: opfernd tritt er vor sie hin, und nicht ohne Angst, ist doch das Opfer die Folge eines Betrugs. Zum Opfer gehört das Feuer, das Prometheus den Menschen brachte (schließlich wird auf dem Altar verbrannt und gebraten) – noch ein Anlaß zur Unruhe: der Besitz des Feuers ist prekär und gefährdet, da Zeus nicht mehr, wie einst, selbstverständlich und großmütig gibt – wieder explizieren die *Werke und Tage:* Zeus verbarg mit dem Feuer den βίος (*v.* 42), die Mittel zum Überleben überhaupt, und seither muß der Mensch rastlos und mühevoll arbeiten. Zu Opfer und Arbeit tritt die Frau, die Notwendigkeit für den Mann, zu heiraten und Kinder zu zeugen, will er nicht im Alter leiden und nach dem Tod spurlos verschwinden, ohne daß sein Name an Familienbesitz gebunden bleibt. Opfer, Feuer, Ehe sind auch im sonstigen Denken der Griechen kennzeichnend für die Lage des Menschen – sie fehlten, heißt es später, damals, als der Mensch noch wild und tiergleich war, und sie fehlen bei den Wilden am Rande der gegenwärtigen Welt. Was Hesiod hier, in der Mitte der *Theogonie,* in einem scheinbaren Exkurs erzählt, ist unabdingliche Definition des Menschen unter Zeus und kann in der *Theogonie* gar nicht fehlen. Demgegenüber ist die physische Erschaffung zweitrangig: die religiöse und kulturelle Einordnung definiert die Menschheit.

Wenn Hesiod Ordner und Deuter traditioneller Erzählungen ist, müßten sich diese Traditionen wenigstens teilweise noch ausfindig machen lassen. Einen Hinweis gab schon seine Umdeutung von Zeus' Verhalten bei der Opferteilung: der Stoff muß ihm vorgelegen haben – Genaues läßt sich hier freilich nicht mehr ausmachen –, immerhin gibt es ethnologische Parallelen zu solchen Opferteilungen. Sicher lag ihm auch der Mythos vom Feuerraub und derjenige von der Trennung von Himmel und Erde vor, auch dies Themen, die in vielen Kulturen sich finden – wieder fehlen allerdings spezifischere Hinweise. Anderes, nicht minder Wichtiges gibt Homer – zur oralen Tradition des epischen Sängers gehörten die Taten der Götter, ἔργα θεῶν, nicht weniger als diejenigen der Männer (*Odyssee* 1,338). Freilich ist das Epos recht karg mit solchen Geschichten im Vergleich zu den Geschichten über Heroen, und besonders Anspielungen auf die Vergangenheit der Olympier sind selten. Immerhin erfahren wir mehrfach, daß Zeus' Herrschaft gefährdet war durch Kronos, den Zeus samt den Titanen in den untersten Tartaros bannte (*Ilias* VIII 478. XIV 200. 274. XV 225), durch Typhoeus, der bei den Arimoi vom Blitz geschlagen wurde (II 780). Zeus ist der älteste und klügste der Kronos-Söhne, mit denen er seine Herrschaft teilte (XV 187), deshalb hat ihm auch Poseidon zu gehorchen (XV 166: mit der hesiodeischen Geschichte verträgt sich dies, wenn man von der zweiten Geburt aus dem Magen des Kronos rechnet); Kronos ist ihr Vater, Zeus heißt Κρονίων oder Κρονίδης, Sohn des Kronos, Rhea ihre Mutter (XV 188), die Titanen ihrerseits sind Uranos-Söhne, Οὐρανίωνες (V 898) – da etabliert sich die Sukzession Uranos – Kronos – Zeus. In ungewisse Vergangenheit scheint das Paar Okeanos und Tethys zu führen, bei denen Rhea ihre Tochter Hera verbarg, als Zeus mit Kronos kämpfte: sie sind Ursprung, γένεσις, der Götter (XIV 201. 302) – hier taucht unvermittelt eine unhesiodeische Tradition auf, sind sie doch bei Hesiod Titanen,

Eltern der Flüsse und Okeaniden, seltsam parallel zu Pontos und seinen Nachkommen. Nicht zufällig betreffen solche Abweichungen gerade die erste Göttergeneration: je weiter weg von der Ordnung des Zeus, desto ferner ist der Mythos von der Bindung an den Kult, welche die mythische Spekulation einschränkt.

Ganze theogonische Mythen, die bei Homer fehlen, finden wir in zeitlicher und örtlicher Nachbarschaft, in Vorderasien und Mesopotamien: die Entsprechungen zu Hesiod haben längst die Aufmerksamkeit der Forschung auf sie gelenkt. Besonderes Aufsehen erregten die hethitischen Mythenerzählungen um Kumarbi, den »hethitischen Kronos«; am wichtigsten ist ein im 13. Jahrhundert v. Chr. aufgezeichneter Text, *Vom Königtum im Himmel,* auch er, wie der hesiodeische Bericht, ein Sukzessionsmythos: erster König im Himmel ist Alalu; ihn stürzt sein Wesir Anu, »Himmel«, diesen seinerseits Kumarbi: wie Anu nach oben flieht, beißt ihm Kumarbi sein Geschlechtsteil ab, wird geschwängert und gebiert unter anderem den Sturmgott Teschub. Der Schluß ist fragmentarisch, jedenfalls hat auch Teschub Kumarbi abgesetzt und samt seinem Gefolge in die Unterwelt verbannt wie andere Erzählungen lehren. Kumarbi versucht sich zu rächen: im *Lied von Ullikummi* schwängert er einen Felsen, erzeugt so Ullikummi, ein Ungeheuer aus Diorit, das rasch heranwächst und schließlich Palast und Herrschaft von Teschub bedroht: erst als er mit der Sichel, mit der einst Himmel und Erde getrennt wurden, von seinem Träger – einem Riesen, der Himmel und Erde trägt, wie der griechische Atlas – abgeschnitten wird, kann er (vermutlich, denn das Ende ist wieder fragmentarisch) unschädlich gemacht werden.

Wie bei Hesiod führt auch hier eine Reihe von Königen, die gewaltsam abgelöst werden, hinab zur Herrschaft des jüngsten Gottes. Einer der Könige ist »Himmel«, Anu: auch er wird kastriert und weicht nach oben aus (der Mythos von der Trennung von Himmel und Erde freilich gehört, wie die Nennung der Sichel zeigt, in einen andern Kontext – freilich wird auch Uranos eben mit einer Sichel kastriert); auch Kumarbi verschluckt etwas, sozusagen die neue Generation in der Gestalt des Genitals, vielleicht auch einen Stein; auch Teschub, der Sturmgott (auch Zeus ist Sturm- und Wettergott) hat sich nicht nur gegen die frühere Generation, sondern auch gegen Ungeheuer zu wehren, die eine frühere Gottheit aus Rache erschuf (Typhoeus, heißt es später, sei von Gaia aus Rache geschaffen worden wegen Zeus' Sieg über die Titanen).

Und doch sind die Unterschiede unübersehbar. Vor Anu steht eine frühere Gottheit; nicht Teschub, sondern Kumarbi ist durchwegs »Vater der Götter«; Ullikummi ist ein Steinriese, kein Mischwesen wie Typhoeus; Genealogisches, bei Hesiod zentrales Mittel der Weltdeutung, fehlt fast völlig. Wichtiger ist: zum einen scheint Hesiod eine geschlossenere, typologisch ältere Version aufzubewahren, stellt er doch mit Uranos' Kastration die Trennung von Himmel und Erde an den Anfang; zum andern hat erst er die Sukzession ausgezogen bis zur endgültig gesicherten Herrschaft des jüngsten Gottes: das *Lied von Ullikummi* kann nicht an den Sukzessionsmythos direkt angeschlossen werden, einen Angriff Kumarbis auf Teschubs Herrschaft berichtet auch ein anderer Mythos, derjenige von *Hedammu*. Hier zeugt Kumarbi mit der Tochter des Meergottes ein Seeungeheuer in Schlangengestalt, eben Hedammu, das die Erde leerzufressen beginnt: die Menschen drohen zu sterben, die Götter zu verhungern, leben sie doch von der Arbeit der Menschen. Ischtar, die Liebesgöttin, kann dann freilich das Ungeheuer durch ihre Reize überlisten (die Sequenz, wie sich die Göttin badet, parfümiert und schmückt, erinnert frappant an jene Szene im 14. Buch der *Ilias*, wo sich Hera badet, parfümiert und schmückt, um Zeus zu überlisten ...): ans Ufer gelockt, kann Hedammu vermutlich (wieder fehlt der Schluß) wie Ullikummi getötet werden.

Hesiod muß so zwar eng verwandte hethitische Mythen gekannt haben, hängt aber nicht direkt von den uns durch die Aufzeichnungen faßbaren Mythenerzählungen ab: dasselbe zeigt sich für sein Verhältnis zur babylonischen »Genesis«, dem nach seinen Anfangsworten *Enuma Elisch* genannten Epos, das in der uns erhaltenen Form kaum vor 1100 v. Chr. entstanden ist. Hier ist das erste Paar der männliche Apsu, »Süßwasserozean«, und die weibliche Tiamat, »Salzwasserozean«; ihre Nachkommen bleiben in Tiamat, bis Apsu, verärgert über ihren Lärm, sie vernichten will. Der weise Ea, Sohn Anus, des Enkels von Apsu und Tiamat, kommt dem zuvor: er macht sich zum König, tötet Apsu und baut auf ihm Tempel und Palast. Tiamat sucht Rache und stellt ein Heer von Ungeheuern gegen die jüngeren Götter auf – hilflos stehen diese der Gefahr gegenüber, bis Eas Sohn Marduk die Verteidigung übernimmt, unter der Bedingung, daß er König des Universums werde. Er schlägt das Heer in die Flucht, besiegt im Zweikampf, unterstützt von den bösen Winden, die Göttin Tiamat, spaltet sie und macht aus ihren Hälften Himmel und Erde, erschafft dann den restlichen Kosmos, zuletzt die Menschen aus dem Blut des Gottes Kingu, Tiamats Erstgeborener und ihr Wesir. Dann gibt er den Göttern ihre Plätze im Kosmos, diese ihrerseits erbauen ihm Babylon samt seinem Haupttempel.

Wieder steht Vertrautes neben Fremdem; vertraut, wenn auch im einzelnen konfuser ist die Sukzession von der Elementarpotenz Apsu zum obersten Herrn des jetzigen Pantheons Marduk, ist die Art, wie die Kinder der ersten Generation in ihrer Mutter gehalten werden, bis ein jüngerer Gott revoltiert. Die beiden Wasserwesen erinnern freilich vor allem an Okeanos und Tethys bei Homer; eine Variante zu Tiamats Name, Tauthe, führt nahe heran zu Tethys. Anders ist, daß der bekannte Kosmos erst am Ende der Sukzession erschaffen wird, grundsätzlich anders ist die Stellung des Menschen. Im babylonischen Epos ist er Kreatur der Götter, deren Arbeit er

Abb. 4. Götter als Drachenkämpfer. Akkadisches Rollsiegel, um 2300 v. Chr.

abnimmt – zu Beginn des Sintflutberichts heißt es gar, erst hätten die Götter selber Landarbeit verrichtet, bis sie, der Mühe überdrüssig, dafür den Menschen erschufen, der sie fortan mit seiner Arbeit opfernd ernährt: die mesopotamische Tempelökonomie läßt beides, Landarbeit und Götterdienst, in eins fallen. Auch für Hesiod bestimmen Opfer und Landarbeit die Lage des Menschen, doch sind beide in der kleinbäuerlichen Ökonomie getrennt; als drittes kommt die Ehe dazu. Der Mensch hat den Göttern gegenüber Eigenstatur: der Mythos läßt ihn denn auch aus der Generation vor Zeus' Machtantritt stammen.

Wie komplex die Beziehungen zwischen der griechischen und der vorderorientalischen Mythologie werden, wenn wir mehr Material überblicken können, zeigt der Mythos vom Drachenkampf. Im Hethitischen kämpft Kumarbi nicht nur gegen die Ungeheuer Ullikummi, den Steinriesen, und Hedammu, die Seeschlange, er tritt auch an gegen das Ungeheuer Illuyankas, »Schlange«, wird dabei erst besiegt und verstümmelt, siegt schließlich mit der Hilfe und List anderer Götter. Vielleicht hat auch Tiamat, die Gegnerin Marduks, Schlangengestalt, und mehrere in der Deutung unsichere akkadische Darstellungen zeigen einen Gott als Drachentöter. An den Kampf zwischen Tiamat und Marduk erinnert auch ein frappantes Detail von Hesiods Typhoeusbericht: aus Typhoeus entstehen die feuchten, unangenehmen Winde, die guten waren als Kinder der Eos schon früher entstanden –

Marduk aber schafft als seine Helfer die bösen Winde, während die vier guten die Gaben seines Großvaters Anu sind.

Siegt Hesiods Zeus problemlos, finden sich erste Niederlage und Verstümmelung durch Typhon, wie er hier heißt, im späteren Bericht, den die *Bibliothek* Apollodors aufbewahrt hat: hier wird Zeus in Nordsyrien vom Gegner gestellt, werden ihm die Sehnen von Armen und Beinen herausgeschnitten – erst als Hermes durch List die Sehnen wieder erhält und Zeus befreit, kommt es zum Sieg: nach langer Verfolgung wirft Zeus den Aetna auf Typhon. Orientalisches scheint auch sonst in diesem Bericht auf: Marduk heißt auch Sirsir, »der einen Berg auf Tiamat häufte«; ein Nebenmotiv ist die Schwächung des Typhon durch die »Früchte der Kurzlebigkeit«: in einer Version wird Illuyankas durch eine gewaltige Mahlzeit geschwächt; Zeus' Niederlage spielt am Berg Kasios, der ugaritisch Sapon heißt: von Sapon wollte man den Namen Typhon ableiten; überhaupt weist der Kampf in Nordsyrien, Typhons Heimat schon bei Aischylos und Pindar, ja deutlich auf den Nahen Osten. Wieder läßt sich freilich keine griechische Erzählung in ihrer Gesamtheit einfach aus dem Orient herleiten, und es drängt sich auch der Verdacht auf, der später bezeugte griechische Bericht könnte sich von neuer Information aus Vorderasien speisen. Tatsächlich sind gerade die orientalischen Sukzessionsmythen noch lange bezeugt: der Historiker Philon von Byblos in der frühen Kaiserzeit kennt einen Mythos, der frappant an das hethitische Lied »Vom Königtum im Himmel« erinnert, der Neuplatoniker Damaskios erzählt nach Aristoteles' Schüler Eudemos eine Kosmogonie, die dem *Enuma Elisch* entspricht: Tiamat heißt hier Tauthe, Apsu Apason, Marduk ist zu Belos geworden, dem phönikischen Ba'al.

Das ruft nun endlich nach der Frage, wann, wo und wie die Griechen Kenntnis von jenen nahöstlichen Erzählungen bekamen, deren Spuren so deutlich bei Hesiod und gelegentlich schon bei Homer zu fassen sind und die fortan zum Bestand der griechischen Mythologie gehörten.

Am einfachsten ist die Frage nach dem Wie zu beantworten. Die vielen Differenzen im Detail weisen darauf, daß die Griechen mündlich Vorgetragenes in ihre eigene mündliche Tradition einspeisten. Das bedeutet, daß die vorderorientalischen Texte literarische Kristallisationen von prinzipiell mündlich überliefertem Erzählgut sein müssen. Für das Hethitische fehlen Daten; für Mesopotamien wissen wir etwas mehr. Zum einen lassen sich, weit stärker als bei den Griechen, schriftliche Traditionen fassen: akkadische Erzählungen sind deutlich Übersetzungen sumerischer Texte, werden auch immer wieder von Schreiber zu Schreiber tradiert, weisen Spuren priesterlicher Gelehrsamkeit auf wie die Liste der fünfzig Namen Marduks am Ende des *Enuma Elisch*. Andererseits ist der Sänger in der akkadischen Gesellschaft eine wichtige Gestalt, verfügen wir sogar über einen fiktiven Dialog zwischen Sänger und Publikum zu Beginn einer Mythenerzählung, mit dem der Erzähler sein Publikum für sich gewinnen will; auch die zahlreichen Varianten bekannter Mythen, insbesondere etwa der Schöpfung des Menschen, weisen in die Richtung einer lebenden mündlichen Tradition, wie dies noch die gegenüber dem *Enuma Elisch* lautlich modernisierten Götternamen bei Damaskios tun. Eine Kultur wie die der Akkader oder Assyrer, wo der Schreiber wegen des unhandlichen Schriftsystems eine zentrale Rolle als Träger eines hochspezialisierten Wissens spielte, war nur teilweise schriftlich, hatte einen großen Raum für die mündliche Tradition ererbten Erzählgutes.

Ist die Übernahme mündlich erfolgt, müssen Griechen im Orient gewesen sein – es bietet sich hier eigentlich nur der nordsyrisch-kilikische Raum mit seinen Städten an, wo sowohl in mykenischer wie in archaischer Zeit Griechen Handel trieben und wohnten. Damit kommen prinzipiell sowohl die Jahrhunderte vor dem Ende der mykenischen Kultur im frühen zwölften Jahrhundert oder aber die Zeit erneuter Ostkontakte nach den »dunklen Jahrhunderten«, seit dem späteren neunten Jahrhundert, in Frage. Eine Überlegung spricht für diese zweite Epoche: in den Erzählungen Hesiods ist die nordsyrisch-kanaanitische Mythologie, wie wir sie durch die Texte aus Ugarit kennen, erstaunlich abwesend, obwohl Mykener in Ugarit sehr gut belegt sind; jene Texte wurden im vierzehnten Jahrhundert aufgezeichnet, Ugarit selbst blieb bis zum Seevölkersturm, der auch die mykenische Macht beendete, mächtig und wichtig: hätten die Griechen die Hauptmasse der orientalischen Geschichten und Motive damals übernommen, stünden kaum die hethitischen und mesopotamischen Mythen so im Vordergrund. Außerdem standen im neunten und achten Jahrhundert die Städte Nordsyriens unter dem Einfluß Assyriens, existierten die sogenannten späthethitischen Königreiche an der Grenze zwischen der Türkei und Syrien: die Königreiche bewahrten die hethitischen Traditionen auf, Assyrien überlieferte die mesopotamisch-akkadischen; es ist fast emblematisch, wenn zu den frühesten Ostimporten in das Athen des neunten Jahrhunderts eine späthethitische Bronzeschale gehört. Daß daneben auch bereits in mykenischer Zeit orientalische Geschichten nach Griechenland kamen, läßt sich nicht ausschließen.

Hesiods Bericht über die Entstehung der Götter und der Welt einschließlich seiner Deutung der *condition humaine* in dieser Welt wurde nie kanonisch. Was er über die Olympier, über Kronos und Gaia sagte, hatte einen gewissen Rückhalt im Kult, im Epos und wohl auch in den lokalen Mythen einzelner Kultzentren: daran hielt die Folgezeit einigermaßen fest. Was nicht so verankert war, war offen für weitere Spekulation, die in der Folgezeit in zwei getrennten Bahnen ablief, der mythologischen Dichtung einerseits, des philosophischen Nachdenkens andererseits – kurz: von Vorsokratik und Orphik. Wenige Andeutungen darüber müssen genügen.

Keine der nachhesiodeischen theogonischen Dichtungen ist mehr in Gänze erhalten; Anspielungen zeigen, wieviel verloren ist, zeigen auch, wie bedingt das Schlagwort ›orphisch‹ trifft. Auch unter den Fragmenten des Chorlyrikers Alkman (um 600 v. Chr.) findet sich ein Stück Kosmogonie (*Frg.* 5): weitaus die meisten dieser Gedichte aber nahmen sich legendäre oder halblegendäre Gestalten zu Autoren, vor allem die beiden Sänger Musaios und Orpheus. Hinweise auf Gedichte unter ihrem Namen setzen im späteren sechsten Jahrhundert ein; im Lauf der folgenden Jahrhunderte wurde dann besonders Orpheus überhaupt zur Autorität in derartigen Fragen. Gemeinsam ist allen diesen Dichtungen des Orpheus, daß sie die Sukzession von Uranos zu Zeus nach beiden Seiten verlängern: vorgeschaltet werden gerne zwei weitere Götterkönige, der »Erstgeborene« (Protogonos) Phanes und die Königin Nyx, angeschlossen wird die sechste Generation unter Dionysos, dem Sohn des Zeus. Verbunden mit Dionysos ist der Bericht über die Entstehung der Menschen: von der eifersüchtigen Hera angestiftet, hätten die Titanen den kleinen Dionysos, den Sohn von Zeus und Persephone, getötet, gekocht, gebraten und verzehrt, Zeus aber habe sie mit dem Blitz erschlagen: aus dem Ruß der verbrannten Titanen sei der Mensch entstanden. Der Mythos, dessen erste Spuren sich bei Pindar (*Frg.* 133) finden, erklärt die Natur des Menschen: verwandt mit den aufständischen und ungefügen Titanen, steckt in ihm ein Moment der Rebellion gegen die Götter. Die Mythenerzählung ist stärker als bei Hesiod Vehikel spekulativen Denkens, das sich in traditioneller Form ausdrückt; kollektiv-sinngebend ist eine solche Erzählung nur noch für den geschlossenen Kreis der Ὀρφικοί, falls denn ein solcher existiert hat.

Auf der Gegenseite steht die philosophische Spekulation. Sie setzt ein mit Thales von Milet, der eine Sonnenfinsternis des Jahres 585 voraussah. Ein einziger kosmologischer Satz ist von ihm überliefert: daß die Erde auf dem

Wasser schwimme (VS 11 A 12). Man hat dies mit jenen orientalischen Mythen zusammengestellt, wo das Urwasser die erste Potenz ist, wo gelegentlich erzählt wird, daß die Erde wie ein Floß vom Schöpfergott über diesen Urozean gebaut sei: tatsächlich mag der Milesier, Bürger einer der führenden Handelsstädte der Zeit mit vielen Beziehungen zum Nahen Osten, solche Anregungen aufgenommen haben, wie er aus Mesopotamien die Grundlagen für seine Vorausberechnung der Sonnenfinsternis bezog. Entscheidend freilich ist, daß er die mythische Ausdrucksweise aufgibt: Wasser ist keine göttliche Urmacht, sondern physikalisches Element und kosmische Realität; entworfen wird ein Weltmodell, das Thales doch wohl argumentativ begründen konnte.

Der Wechsel von der hesiodeischen zur vorsokratischen Welterklärung ist ein Paradigmenwechsel mit gewaltigen Konsequenzen. Gewiß hat man als Reaktion auf das neunzehnte Jahrhundert, das mit Thales die Menschheit von mythischer Dumpfheit zu logischer Klarheit springen ließ, die irrationalen Seiten des vorsokratischen Denkens betont, die Nähe der Milesier zu nahöstlichen Mythen, die Beschreibung der physikalischen Prinzipien in Ausdrücken, die oft genug der religiösen Sprechweise nahekommen, herausgestrichen (von Thales stammt ja immerhin auch der in seiner Bedeutung allerdings unklare Satz »Alles ist voll von Göttern«, VS 11 A 22), und man hat auf die vielen Personifikationen abstrakter Mächte verwiesen, die in der *Theogonie* vorkommen. Und doch hat die Ersetzung von menschengestaltig gedachten Göttern oder Personifikationen, die durchaus auch ihr religiöses Leben haben können, durch physikalische Elemente oder abstrakte Prinzipien, der Wechsel von der Vorstellung, daß das kosmische Geschehen durch menschenähnliches Handeln der Götter bewirkt werde, zur Annahme rein physikalischer Prozesse zwei Konsequenzen, die man nicht unterschätzen darf. Das Verschwinden der Götternamen löst die Berichte über die Entstehung der Welt und des Kosmos von Bindungen und Assoziationen an die kultische Religion, damit von den Traditionen der griechischen Gesellschaft – auch wenn die theogonischen Dichter neuern, ordnen sie ihre Aussagen durch die Verwendung der traditionellen Namen ebenso wie durch die Zuschreibung ihrer Werke an große alte Dichter in traditionelles, überindividuelles Erzählen ein. Nichts davon bei den Milesiern: die Verwendung von Appellativen macht ihre Sprache zu ihrer eigenen, individuellen Aussageweise, was durch den Ersatz der Poesie durch Prosa noch unterstrichen wird: es ordnet das von ihnen Ausgesagte ein in Vorgänge, die im Bereich menschlicher Erfahrung liegen. Dies sind Zeichen einer Entwicklung, welche im Lauf nicht einmal eines Jahrhunderts dazu führte, daß der Einzelne die Verbindlichkeit des Mythos im Vertrauen auf seine eigene Rationalität in Frage zu stellen begann (s. Kapitel VIII). Im Grunde begann diese Entwicklung lange vor Thales, mit der Öffnung der griechischen Welt im Innern und nach außen im Verlauf des achten Jahrhunderts, mit dem Aufkommen des Binnenhandels, der Orientreisen und der kolonisatorischen Unternehmungen, mit dem Heraufkommen der Polis, an deren Gestaltung trotz gelegentlicher Rückschläge immer mehr Bürger aktiven Anteil nahmen und dabei die Kraft rationalen Argumentierens und unabhängigen Denkens erfuhren: es ist nicht zufällig, daß noch zu Thales Lebzeiten eine Inschrift von Chios, der großen Insel nordöstlich von Milet, zum ersten Mal die βουλή, die demokratische Ratsversammlung, belegt.

Dem widersprechen auch jene nachmilesischen Vorsokratiker nicht, die sich mythischer Ausdrucksweise bedienen. Parmenides von Elea (vor 520–nach 450) trennt in seinem Gedicht *Über die Natur* einen mythischen Rahmen von einem naturphilosophischen Bericht: der Rahmen schildert seinen Aufstieg auf göttlichen Pferden zum Palast der Göttin Aletheia, Wahrheit, eine Jenseitsreise, deren Parallelen mit schamanistischen Erzählungen man betont hat. Das Gedicht gibt sich so als mythische Offenbarung, erstrebt dadurch die überindividuelle Sanktion seiner Lehre, die er deswegen auch in epische Form kleidet: die neue Ontologie ist ihm so fundamental (und wurde tatsächlich zu einem Eckstein europäischen Philosophierens), daß er sie nicht als seine rein persönliche Meinung aussprechen kann. Etwas anders verhält es sich mit dem anderen naturphilosophischen Hexametergedicht, demjenigen des Empedokles von Akragas (ca. 483–423). Diesmal durchaus als Ich-Aussage des Dichters vorgetragen, schillert diese Lehre zwischen Physik und Mythenerzählung: die vier Elemente, Empedokles' bleibender Beitrag zur Philosophiegeschichte, können durchaus ›Feuer und Wasser und Erde und der Luft unendliche Höhe‹ heißen (VS 31 B 17,18), werden aber im Gedicht zuerst einmal mit Götternamen eingeführt: ›die vier Wurzeln von allem höre zuerst: den glänzenden Zeus, die lebenspendende Here, Hades und Nestis, die durch ihre Tränen sterbliches Quellwasser fließen läßt‹ (VS 31 B 6). Dies ist bewußte Verkleidung der physikalischen Aussage in der Absicht, die Distanz anzugeben, welche die vier Elemente von den sinnlich wahrnehmbaren Stoffen – Feuer, Erde, Luft, Wasser – trennt: das ›sterbliche Wasser‹ ist eben nicht identisch mit dem Element Wasser, wird von ihm erst hervorgebracht, und alle vier Elemente sind unzerstörbar und ewig – Qualitäten, welche die religiöse Tradition eben den Göttern zuschreibt. Empedokles allegorisiert bewußt. Dazu paßt, daß die beiden Grundkräfte, aus deren Wirkung in Mischung und Trennung der Elemente das All entsteht und vergeht, Neikos, Streit, und Philotes, Liebe heißen, abstrakte Kräfte, die Empedokles aus demselben Grund wie die Elemente göttlich darstellt.

Empedokles zeigt, wie man die Gestalten des Mythos nur noch als Chiffren für physikalische Aussagen verwenden kann. Er dichtet in einer Zeit, in der die Krise des Mythos bereits begonnen hatte – die allegorische Mythendeutung, die etwa zwei Generationen vor ihm mit

Theagenes von Rhegion eingesetzt hatte, machte sich eben dies zunutze, verstand die traditionelle Mythenerzählung als verkleidete Physik. Doch darüber später (s. Kapitel VIII).

V

Mythos, Heiligtum und Fest

Hesiod und Homer, stellt Herodot an einer vielzitierten Stelle fest, hätten ›den Griechen die Stammbäume der Götter (θεογονίην) gedichtet, den Göttern ihre Beinamen gegeben, ihre Ehren und Ämter verteilt und ihre Gestalt klargemacht‹ (2,53): die dichterische Mythendarstellung formt und beeinflußt das Bild der kultisch verehrten Götter, sie kann nicht von der Religion getrennt werden: für die Griechen sind Götter und Heroen immer auch wirkende Mächte, haben Tempel und Altäre, erhalten Opfer, Gebete und Weihgeschenke. Wie sich aber genau Mythos und Religion der Griechen zueinander stellen, ist nicht unmittelbar einsichtig, war immer wieder kontrovers – sicher ist, daß der Mythos nicht, wie dem Christen selbstverständlich ist, unveränderliches heiliges Wort ist; ebenso sicher ist aber auch, daß die griechischen Mythen nicht, wie etwa Mircea Eliade meinte, ›den Triumph des literarischen Kunstwerks über den religiösen Glauben‹ darstellen: einen Gegensatz zwischen Literatur und Glauben zu konstruieren, geht für frühe Kulturen nicht an, denn anders als in Sprache drückt sich der Mythos nicht aus, und damit ist er bereits den Gesetzen des Erzählens unterworfen, ist er Literatur; beschränkt man sich nicht auf die Handvoll großer Stoffe, die in der nachantiken Bildungstradition als griechischer Mythos gelten, finden sich zudem auch bei den Griechen Mythen zuhauf, die an Heiligtümer, Tempel, Götterbilder, Rituale gebunden waren. Die Fülle der Mythen um das Heiligtum Apollons auf der kleinen Insel Delos genügt, um dies zu zeigen.

Der zentrale Mythos, derjenige von Apollons Geburt auf Delos, ist ausführlich erzählt im homerischen *Hymnos auf Apollon.* Der Text gehört in eine Sammlung von Hexameterhymnen, die unter Homers Namen überliefert ist – die Zuschreibung ist fiktiv, die Texte sind von verschiedener Qualität und stammen aus verschiedenen Epochen von hocharchaischer Zeit bis in die Spätantike. Der Apollonhymnos selber ist ein komplexes Gebilde, zusammengearbeitet aus zwei stilistisch verschiedenen Teilen, welche die Forschung auch verschieden datiert: die delische Hälfte wird noch ins siebente Jahrhundert gesetzt, die zweite, delphische etwas später; die Gesamtkomposition wurde auch erst ins spätere sechste Jahrhundert datiert, für die Feier auf Delos, bei der der Tyrann Polykrates von Samos Delia und Pythia in einem feierte.

Der Hymnos beginnt mit Apollons Einzug im Olymp. Als der junge Gott erscheint, den Bogen in der Hand, springen die Götter erschreckt von ihren Sitzen auf – nur Leto, seine Mutter, bleibt gelassen neben Zeus, nimmt dem Sohn Bogen und Köcher ab, hängt sie an einen goldenen Nagel und führt ihn zu seinem Sitz; Zeus, sein Vater, setzt ihm in goldenem Becher Nektar vor, demonstriert vor aller Augen Apollons Stellung als Sohn des Zeus. – Ein kurzer Hymnos auf Leto, die Apollon und Artemis geboren hat, leitet über zum Geburtsmythos. Die schwangere Leto irrt von Ort zu Ort, um gebären zu können, doch niemand will sie aufnehmen: zu groß ist die Angst vor dem ungebärdigen Sohn, den sie trägt. Schließlich kann sie die kleine Felseninsel Delos gewinnen mit dem Versprechen, daß der Gott hier seinen ersten und schönsten Tempel gründen werde. Neun Tage liegt die Göttin nun am Inopos, dem Hauptfluß der Insel, in Wehen, und viele Göttinnen stehen ihr bei; doch Hera hat eifersüchtig die Geburtsgöttin Eileithyia zurückgehalten. Endlich kommt sie doch, bestochen von der Götterbotin Iris, »Regenbogen«: ›um eine Palme legte Leto beide Arme, stützte die Knie auf die weiche Wiese, und es lächelte die Erde darunter: heraussprang er ans Licht, und die Göttinnen schrien alle auf‹ (*v.* 117). Das Neugeborene wird gewaschen, in Windeln gelegt und verschnürt, mit Nektar und Ambrosia genährt: da sprengt das Kind Binden und Windeln und spricht die verblüfften Göttinnen an: ›Es sei mir zu eigen die Leier und der geschweifte Bogen, und voraussagen werde ich den Menschen des Zeus nie fehlenden Plan‹ (*v.* 131): Musik, der Bogen, das Orakel sind Apollons Provinz. – Jetzt müßte der Bericht von der Tempelgründung folgen – stattdessen schließt die Beschreibung des großen delischen Festes an, zu dem sich alle Ionier versammeln und an dem die Deliaden, Apollons Mädchenchor, singen: die prachtvoll-bunte Realität des Götterfestes zeigt besser als ein Gründungsbericht, wie Leto ihr Wort hielt.

Abb. 5. Artemis, Apollon, Leto, Aphrodite und eine weitere Göttin (Delos?). Attisch-rotfiguriger Glockenkrater des Meidias-Malers, 420/410 v. Chr.

Der Mythos begründet den Kult des Gottes auf der kleinen, unfruchtbaren Felseninsel: sie allein stand Leto bei Apollons Geburt bei, dafür steht hier sein Tempel: der älteste, ein unscheinbarer Steinbau, geht in geometrische Zeit zurück. Auch Leto, die Mutter, hat hier ihr Temenos mit einem Tempel des sechsten Jahrhunderts (ihrer Bedeutung im Kult verdankt die Göttin die Auszeichnung, im Eingangsbild des Hymnos neben Zeus, an Heras Stelle im Olymp zu thronen); ebenso verehrt ist Artemis, die Schwester, deren Tempel aus der Wende vom achten zum siebten Jahrhundert stammt. Selbstverständlich hat auch die Geburtshelferin Eileithyia Temenos und Fest, und die Palme, an die sich die Gebärende anlehnte, betrachtete schon Odysseus als Wahrzeichen des delischen Heiligtums (*Odyssee* 6,162).

Spätere Texte variieren die Erzählung: sie ist nicht kanonisch, trotz der engen Bindung an ein Kultzentrum, fest ist allein ein Kern, der auf die Kultrealitäten Bezug nimmt, die Geburt Apollons am Inopos unter der Palme – wenn später noch ein Ölbaum dazukommt, ist dies dem Einfluß Athens zuzuschreiben, das auch seinen heiligen Baum in den Mythos einfügen wollte: Delos war seit dem mittleren sechsten Jahrhundert mehrmals unter athenischer Vorherrschaft. Nachklassische Varianten gehen eher auf dichterische Anliegen zurück. Im homerischen Hymnos war Leto von den Göttinnen umgeben, eine Entourage, wie sie sich für eine Person ihres Standes gehört; Spätere arbeiten das Pathetische und Mitleiderregende heraus: in Kallimachos' *Hymnos auf Delos* wird Leto rücksichtslos von den Agenten der Hera, Ares und Iris, verfolgt, und sie gebiert allein auf der kleinen Insel; in Ovids *Metamorphosen* (6,337ff.) muß sie gar nach der Geburt sogleich wieder fliehen, die Neugeborenen (Ovid läßt auch Artemis auf Delos geboren werden) im Arm. Doch auch so ist die Geburt nicht ohne Wunder: Schwäne, Apollons heilige Tiere, umkreisen bei Kallimachos siebenmal die Insel (sieben ist Apollons heilige Zahl, auf einen Monatssiebten fällt sein Geburtstag, fallen die meisten seiner Feste), da wird der Gott geboren, und zur Feier der Geburt strahlt die ganze Insel in purem Gold – barocke Übersteigerung der Wiesen des alten Hymnos.

Doch der Mythos ist intimer mit dem Kultort verflochten, als daß er eine bloß äußerliche Begründung für die Heiligkeit des Ortes gäbe. Dem Paradox der Geburt des so mächtigen Gottes auf der winzigen Insel, welches die späteren Dichter so unschwer pathetisieren konnten, entspricht das Paradox des Kultes, daß die kleine Insel Ort eines so bedeutenden Heiligtums wurde, wo die Inselionier, fern ihrer Städte, ihr gemeinsames Fest feiern. Noch stärker wird dieses Paradox durch die Erzählung markiert, daß Delos einst eine schwimmende Insel war (so zuerst Kallimachos): eine solche Insel ist weder Land noch Meer – gerade damit begründet denn auch Ovid die Wahl des Ortes: Hera hatte Leto alles Land verboten – es bleibt allein Delos. Doch am Ort außerhalb aller Kategorien kann ein Fest, das mehrere Städte verbindet, am problemlosesten gefeiert werden, sind doch gerade hier alle möglichen lokalen Ansprüche und Rivalitäten ausgeschaltet – auch das politisch-religiöse Zentrum der zwölf ionischen

Städte an der kleinasiatischen Westküste, das Panionion, lag abseits im Hang des Mykalegebirges.

Um diesen Hauptmythos, der die Heiligkeit der Insel begründet, gravitieren kleinere Mythen, verbunden mit Einzelheiten des Festes, mit anderen Heiligtümern der Insel. Hauptsehenswürdigkeit war der »Hörneraltar«, geflochten aus den Hörnern von geopferten Ziegen: schon in der *Odyssee* zusammen mit der Palme genannt, wurde er später gelegentlich zu den sieben Weltwundern gezählt. Schädel und Hörner von Opfertieren im Heiligtum zu deponieren, ist oft belegte Sitte, die auf jägerisches Brauchtum zurückgeht – im Mythos wird dies noch angetönt, wenn es heißt, Apollon, erst vier Tage alt, habe den Altar selber geflochten aus dem Gehörn wilder Ziegen, die seine Schwester Artemis gejagt habe (Kallimachos, *hymn.* 2,60ff.). Diesen Altar umtanzten junge Männer und Frauen, κοῦροι und παρθένοι, im »Kranichtanz«, γέρανος: ihn habe Theseus eingeführt, als er mit den athenischen Knaben und Mädchen, die er aus dem Labyrinth gerettet hatte, nach Athen zurückfuhr, und der Tanz stelle die Windungen des Labyrinths dar. Gleichzeitig hatte er ein Holzbild der Aphrodite gestiftet, das Daidalos, der Erbauer des Labyrinths, geschnitzt und Ariadne Theseus geschenkt hatte; er habe den delischen Wettkampf gestiftet, als Preis einen Zweig von der heiligen Palme ausgesetzt, und er habe als erster hier sein Haar abgeschnitten und es Apollon geopfert. Ein uraltes Holzbild der Aphrodite wurde im Apollonbezirk aufbewahrt, Gabe des Theseus, und den Wettkampf schildert schon der homerische Hymnos: Faustkampf, Gesang und Tanz seien die Disziplinen, bezeichnend für ein Fest der heranwachsenden Knaben und Mädchen; von Haaropfern im Kult von Apollon hören wir öfters. Nach einer Koordination dieser Geschichten mit andern Mythen soll man nicht suchen: wie denn das delische Fest vor Theseus' Stiftung ausgesehen habe, wo doch schon Leto im Hymnos es versprochen hat, kümmert nicht. Wohl aber läßt sich die

Vielfalt von Theseus' Einrichtungen wiederum auf einen rituellen Horizont beziehen, auch wenn sie erst erzählt worden sind, nachdem Athen über Delos herrschte: die Kretafahrt des Theseus wurde, wie wir sahen (Kapitel II), längst mit der Vorstellungswelt initiatorischer Riten verbunden, Kreta ist Transformation jenes Ortes im Draußen, wo die jungen Leute neu geformt und zu Erwachsenen gemacht wurden; der Rückkehr und Einführung in die Erwachsenenwelt entspricht dann die Rückkehr von Kreta – Tanz, Agonistik, Aufnahme normaler erotischer Beziehungen charakterisieren in ethnologischen Gesellschaften diese Einführung, das Haaropfer gehört fest in denselben Kontext.

Zu den Kultmalen im Umkreis des Apollonheiligtums gehören weiterhin zwei mykenische Gräber, die in historischer Zeit Kult erhielten, das σῆμα, »Grabmal«, im Artemisbezirk und die θήκη, »Beisetzung«, östlich des Apollonbezirks. Die griechischen Bezeichnungen gehen auf Herodot zurück (4,33–35): das Sema sei das Grab von zwei hyperboreischen Mädchen, Laodike und Hyperoche: als erste hätten sie eine Weihgabe für leichte Geburt nach Delos gebracht, begleitet von fünf jungen Männern, und seien im Heiligtum verstorben; seitdem weihten die Mädchen und Burschen von Delos vor ihrer Hochzeit auf dem Grab ihnen eine Locke. Auch die Theke sei ein Grab zweier Hyperboreerinnen: diese seien noch früher, ›zusammen mit den Gottheiten‹ gekommen, und ihnen zu Ehren würden die Frauen von Delos einen Heische-Umzug veranstalten und einen Hymnos des Olen singen, des Lykiers, der alle Kulthymnen der Delier verfaßt habe – in einem solchen Hymnos läßt Olen Eileithyia von den Hyperboreern kommen, und auch die schwangere Leto sei von dort gekommen: offenbar zusammen mit diesen Gottheiten kamen die ersten Hyperboreerinnen. Soweit ist alles klar: das vorhochzeitliche Haaropfer am Kultmal im Artemision fügt sich zu vorhochzeitlichen Riten aus andern Orten, die mit Artemis oder Apollon verbunden sind; die Weihgabe der Hyperboreerinnen gibt den mythischen Anlaß für ein tatsächlich nach Delos gebrachtes Erstlingsopfer, auch wenn es nicht von den Hyperboreern, dem »Volk jenseits des Nordwindes«, ausging, sondern vermutlich Athen eine wichtige Rolle bei seiner Ausgestaltung spielte; der Heischezug der Frauen gehört auch anderswo zum Kult der Schutzgöttinnen des fraulichen Lebens, von Hochzeit und Geburt. Die Komplikationen kommen mit späteren Erzählungen: hier ist nie mehr von zwei Paaren die Rede, sondern entweder von drei Mädchen, Upis, Loxo und Hekaerge (Kallimachos), oder von zweien, Opis und Hekaerge (Pausanias): sie erhalten nur das Haaropfer der Bräute, während die jungen Männer nun ihr erstes Barthaar den männlichen Begleitern der Hyperboreerinnen bringen, die offenbar auch im Heiligtum bestattet sind. Um das Ganze zu komplizieren, hören wir von einem Hymnos des Olen auf eine Hyperboreerin Achaiia, die nach Opis und Hekaerge nach Delos kam (Pausanias): sie kann ihrerseits mit einem Ritual der delischen Frauen verbunden werden, nun aber im Kult der Demeter, deren Titel anderswo Achaia lautete. Das Durcheinander ist bezeichnend: gegeben sind allein die Rituale, hier die Haaropfer der Bräute und jungen Männer, die Mythen aber sind variabel, auch wenn sie in Kulthymnen dargestellt sind.

Ein weiterer Mythenkomplex betrifft Anios, den Heros, in dessen Kult sich die politische Einheit der Gemeinde Delos ausdrückte. Er galt als Sohn Apollons und der Rhoio, einer Enkelin des Dionysos (dessen delischer Kult wichtig war, uns aber keine Mythen hinterlassen hat): als Rhoio mit Anios schwanger war, ließ ihr Vater sie in einer Kiste aussetzen. Gerettet und herangewachsen, kam er nach Delos, wurde Gründer der ersten Siedlung und ihr erster König – soweit fügt sich der Mythos zu andern Gründungsmythen. Seine Söhne wurden ihrerseits die eponymen Gründer verschiedener ägäischer Inseln, Andros, Mykonos, Thasos: letzterer wurde von einem Hund zerrissen, weshalb Hunde auf Delos verboten sind – Hunde sind in griechischer Religion allgemein selten, Hundeopfer gelten als barbarisch und werden mit der Gespensterherrin Hekate verbunden, der Hundebiß kann religiös beflecken: die Heiligkeit von Delos, die Gräber und Geburten nicht ertrug, hielt auch den Hund fern, der Mythos erläutert dieses Tabu. Anios hatte auch drei Töchter, Spermo, Oino, Elais (»Kornmädchen«, »Weinmädchen«, »Ölmädchen«), Dionysos hatte ihnen die Gabe gegeben, Korn, Wein und Öl aus der Erde oder aus dem Nichts zu erschaffen (etwas einseitig heißen sie deswegen auch »Weinverwandlerinnen«, Οἰνοτρόποι): es sind Schützerinnen jener Kräfte, welche die Grundnahrungsmittel der Griechen hervorbringen. Ihr Mythos wurde in die Troia-Epik aufgenommen: auf der Fahrt von Aulis nach Troia, hieß es in den *Kypria,* machte Agamemnons Heer auf Delos Halt, wurde von den Töchtern des Anios verpflegt. Römische Ansprüche verwandelten viel später den Mythos: nun bewirtet Anios den Ahnherrn der Römer, Aineias aus Troia, wird selber zum Griechenfeind: Agamemnon hätte seine Töchter nach Troia entführen wollen, Dionysos sie nur dadurch gerettet, daß er sie in Tauben verwandelte (Ovid, *Metamorphosen* 13,644 ff.). Kultischen Rückhalt muß diese Verwandlungssage nicht haben.

Die Funktion der Mythen ist in allen Fällen dieselbe: sie begründen, weshalb ein bestimmtes Ritual ausgeführt, weshalb ein Tempel, ein besonderes Kultbild verehrt wurde, und sie tun dies meist, indem sie von seiner Einrichtung erzählen: Leto versprach den Tempel, Apollon baute den Hörneraltar, Theseus stiftete Agon, Bild und Kranichtanz. In andern Fällen ist die Verbindung loser: weil die Hyperboreerinnen im Sema bestattet sind, erhalten sie ein Haaropfer: da wird die Erzählung annehmen, das Haaropfer sei dasjenige am Grab, das jedem Griechen geläufig war; weil ein Hund den jungen Thasos zerriß, sind – wie erwähnt – Hunde auf Delos verboten.

Festgehalten wird an der Kausalität, ein Zeitpunkt der Einrichtung ist nicht gegeben.

Doch man muß noch genauer hinsehen. Aitien erklären nicht jedes Kultbild und nicht jedes Ritual, hängen nicht an jedem Tempel. Sie sind verbunden mit besonders wichtigen und ehrwürdigen Tempeln und Kultbildern, mit besonders grundlegenden oder ausgefallenen Ritualakten – mit dem hochaltertümlichen Aphroditebild, dem altertümlichen Tempel Apollons, dem seltsamen Haaropfer oder dem grundlegenden Tieropfer, das der Prometheusmythos erläutert (vgl. Kapitel IV). Verschwindet die Besonderheit, verschwindet der Mythos: der archaische Apollonhymnos schreibt die Stiftung des Apollontempels Leto zu, später hören wir nichts mehr davon: nach etwa 540 v. Chr. wurde der Tempel Apollons neu gebaut. Oder der Mythos ändert sich, wie in Delphi. Im Apollonhymnos wird erzählt, wie der Gott selber den Grundstein des delphischen Tempels legt (*v.* 294 ff.): er ist alt und bereits Homer bekannt (*Ilias* 9,404 ff.). Im Jahre 548/7, nach dem delphischen Teil des Hymnos, brannte er ab. Jetzt wird der Mythos zu einer Baugeschichte, die sich zuerst bei Pindar, zwei Generationen nach dem Brand, fassen läßt (*Paian* 8). Vor dem niedergebrannten Tempel habe ein bronzener existiert, Werk des göttlichen Schmieds Hephaistos, noch früher ein solcher aus Federn und Bienenwachs, der »Federtempel«, ναὸς πτέρινος; ihm vorausgegangen, heißt es später (im Text von Pindars *Paian* ist hier eine Lücke), war eine Hütte aus Lorbeerzweigen, Apollons heiliger Pflanze. Man versteht, wie der neue Mythos entstand: der abgebrannte Tempel kann nicht mehr derjenige sein, den der Gott gebaut hatte (wie hätte er ihn sonst abbrennen lassen?), er wird zum Bauwerk einer historischen Vergangenheit, der eine weit ältere, »mythische« Zeit vorangeht. Der bronzene Tempel gehört in die Epoche der epischen Heroen, die bei Homer nur die Bronze kennen. Früher noch ist der seltsam traumhafte Bau aus Federn und Wachs: er paßt in ein

Goldenes Zeitalter, wo feste Häuser unnötig waren, wo Honig, ein anderes Bienenprodukt, in Strömen floß; Vögel und Bienen sind zudem prophetische Tiere. Die Laubhütte schließlich erinnert an Rituelles und läßt zugleich mythische Kulturgeschichte mitschwingen. Laubhütten gehören zu Riten, in denen die Menschen »die altertümliche Lebensweise« τὸν ἀρχαῖον βίον, durchspielen, die vor jeder Kultur liegt, so wie wir sie kennen, ohne ihre alltäglichen Normen. Lorbeerhütte und Federtempel entsprechen sich mithin semantisch, müssen aber im Mythos, der sich als Baugeschichte gibt, nacheinander angeordnet werden; bezeichnend ist aber, daß der Name ναὸς πτέρινος einmal nicht von πτερόν, »Feder«, sondern von πτερίς, »Farn«, abgeleitet und als eine Art Laubhütte verstanden wird (*Pausanias* 10,5,10).

Ähnliches gilt für die Kultbilder. So gilt das altertümliche Holzbild der Artemis im attischen Halai Araphenides als jenes Bild, des Orestes einst aus dem Land der Taurer mitgebracht hatte, wo es vom Himmel gefallen war; dieselbe Herkunft wird dem ebenso altertümlichen Bild der Artemis Orthia in Sparta nachgesagt; das uralte, brettförmige Bild der Hera von Samos sei von Admete, der Tochter des Perseus, aus Argos gebracht worden; das älteste Athenabild in Athen, das Palladion, habe ursprünglich in Troia gestanden, es sei hier einst vom Himmel gefallen. Alle diese Mythen gelten hochaltertümlichen Statuen; mit den Goldelfenbeinbildern des Phidias in Athen und Olympia sind keine Mythen, höchstens Anekdoten verbunden. Besonderheiten dieser alten Bilder werden eigens erklärt: das Bild der Hera von Samos wurde am Fest aus dem Tempel geholt und mit Binden umwickelt: einst hätten Seeräuber es geraubt, doch ihr Schiff habe sich nicht von der Stelle bewegt, bis sie das Bild wieder am Strand ausgesetzt hätten. Die Ureinwohner von Samos hätten es dort gefunden und an ein Gebüsch angebunden, weil sie meinten, es sei entlaufen. Das Bild des Dionysos Aisymnetes in Patrai wurde in einer

Truhe aufbewahrt. Es sei das Werk des Epeios, der das troianische Pferd geschnitzt hatte, galt mithin als uralt, und sei schon immer in einer Truhe gewesen; der Mann, der diese Truhe öffnete, wurde beim Anblick des Bildes wahnsinnig. Die Bilder haben mithin häufig besondere Kräfte: Wahnsinn verursachte auch das spartanische Bild der Artemis Orthia aus dem Taurerland; am Palladion hing der Glaube, es mache die Stadt uneinnehmbar (deshalb mußte es erst von Odysseus aus Troia gestohlen werden, bevor die Griechen die Stadt einnehmen konnten). Wo Einzelheiten bekannt sind, ist auch der Kult um diese Bilder sonderbar. Das spartanische Bild wohnt der blutigen Geißelung der Epheben bei, die als Abschwächung eines Menschenopfers verstanden wurde, und zeigte im Arm der Priesterin durch sein Gewicht an, ob stark genug geschlagen wurde. In Halai mußte Orestes nicht nur das Bild weihen, sondern auch ein blutiges Ritual einrichten, das Ersatz für seinen eigenen Tod bei den Taurern war und als Umwandlung eines Menschenopfers verstanden wurde. Am samischen Fest der Tonaia, bei dem das alte Herabild draußen aufgestellt wurde, wurde der Einbruch der Natur, die Auflösung des zivilisierten Alltags ausgespielt. Das uralt-unheimliche Kultbild ist immer auch Symbol eines außerordentlichen und oft genug unheimlichen Rituals.

Dies führt zurück zum Ritual, woher die »myth and ritual school« Mythen überhaupt herleiten wollte (Kapitel II) – die bisherigen Überlegungen haben schon gezeigt, wie einseitig dies ist, wie aitiologische Mythen alle möglichen religiösen Erscheinungen erklären wollen; zudem gilt solche Aitiologie auch außerhalb der Religion, betrifft alle denkbaren Besonderheiten von Natur oder Gesellschaft. Wohl aber sind Kultaitien besonders häufig, und die Verbindung zwischen Mythos und Ritual verdient schon deswegen besondere Beachtung.

Auch hier beschäftigt sich der Mythos mit besonders hervorstechenden Merkmalen. Der Mythos vom Opferbetrug in Mekone erklärt nicht das gesamte griechische Normalopfer, nur die seltsame und anstößige Teilung des Opfertiers. Die Geschichte von den Hyperboreerinnen erklärt allein die Haaropfer, wobei erst noch dem Mythos ein sepulkrales Haaropfer vorschwebt; das Ritual ist ein vorhochzeitliches. Derartige Widersprüche sind geläufig und oft nicht bedeutungslos. An einem Opfer für Demeter in Eleusis pflegten die athenischen Epheben »den Ochsen zu heben«, das lebende und gewichtige Tier auf ihren Schultern zum Altar zu tragen. Der Mythos führte dies auf eine Tat des jungen Theseus zurück. Als er, in Troizen herangewachsen, auf der Suche nach seinem Vater Aigeus nach Athen kam, betrat er die Stadt beim Tempel des Apollon Delphinios, der noch im Bau war; Theseus trug langes Haar, einen langen Chiton: die Dachdecker des Neubaus neckten ihn mit der Frage, weshalb denn ein Mädchen so allein spaziere. Empört spannte Theseus einen Zugochsen von einem Wagen und warf ihn hoch über den First des Tempels.

Mythos und Ritual gemeinsam ist allein der rituelle Akt, daß ein junger Mann einen Ochsen hochhebt; es fehlt im Mythos der spezifische religiöse Kontext des athenischen Rituals, der ersetzt wird durch einen anderen, denjenigen des Apollon Delphinios. Das ist nicht willkürlich: in diesem Heiligtum fand die Begegnung zwischen Theseus und Aigeus statt, wurde Theseus in seine Stellung als Sohn und Thronfolger eingeführt; das Gericht am Delphinion entschied über angefochtene Bürgerrechte, mithin eben über die Stellung des erwachsenen Mannes in der athenischen Gesellschaft. Dies deutet das Ritual der Epheben: wie Theseus durch seinen Kraftakt demonstriert, daß er nicht ein Mädchen, sondern ein Mann ist, gibt der Ephebe durch das Ritual zu erkennen, daß er zum ernstzunehmenden Mann herangewachsen ist.

Dabei ist die Handlung des Epheben keine völlige Imitation derjenigen von Theseus. Der Heros warf den Ochsen allein in die Höhe, die menschlichen Epheben tragen ihn bloß, und erst noch in einer Gruppe: der Mythos dehnt aus, was das Ritual nur andeutet. Derartige Verdeutlichung, geradezu Extrapolation aus dem Ritualakt findet sich häufig – bezeichnend eben jene Riten, welche die Antike als Abschwächung eines Menschenopfers verstand. Evolutionäre Religionshistoriker nahmen die Mythen beim Wort, füllten die Vorzeit der Hellenen mit grimmigen Menschenopfern. Wie unhaltbar dies ist, zeigt das spartanische Ritual der Geißelung am Altar der Artemis Orthia. Lykurg, der Gesetzgeber der Spartaner, habe es eingerichtet als Ersatz für ein Menschenopfer, das seinerseits eine Vorgeschichte hatte. Einst, als die taurische Statuette nach Sparta gekommen war, sei am Altar der Göttin ein blutiger Kampf unter den Teilnehmern am Opfer ausgebrochen, und einige seien dabei getötet worden; für dieses Sakrileg sandte Artemis den Spartanern eine Seuche. Zur Sühne befahl das delphische Orakel, alljährlich am Altar menschliches Blut zu vergießen. Die Spartaner richteten ein Menschenopfer ein, bis Lykurg gesehen habe, wie dem Orakel auf weniger blutige Weise Genüge getan werden könnte.

Der Mythos gibt sich als Kultgeschichte, und kann doch gerade nicht historisch sein: das erklärte Ritual ist jung. Zum ersten Mal erwähnt es Cicero, populär war es in der römischen Kaiserzeit, als Spartas seltsame Sitten Touristen aus dem ganzen Imperium anzogen – noch im vierten Jahrhundert vor Christus ist von einer Geißelung keine Rede, da kämpfen zwei Gruppen von jungen Männern am Altar, von denen die eine versucht, einen Käse vom Altar zu stehlen, die andere, sie daran zu hindern. Nicht ein Lykurg in Spartas Frühzeit, ein Reformator hellenistischer Zeit hatte das Ritual verändert, nicht abgeschwächt, im Gegenteil seine blutigen Züge verstärkt: damit fällt die Erklärung des Aitions in sich zusammen. Es gibt keine Geschichte des Rituals, vielmehr wird über den Eindruck gesprochen, den dieses auf die Zeitgenossen machte: keine feierliche Angelegenheit war es, sondern eine Art Menschenopfer, mit unheimlichen und furchterregenden Untertönen.

Es wird hier also kein besonderer Akt erklärt (die spezifische Form der Geißelung geht aus dem Mythos nicht hervor), sondern einer Stimmung Ausdruck gegeben. Dies ist kein Einzelfall, ist auch nicht allein auf die Mythen von Menschenopfern beschränkt: auch auf Delos etwa geht die heitere und fröhliche Stimmung des Festes zusammen mit der Freude über Apollons Geburt und dem Entzücken der Insel Delos, und auch hier klaffen Mythos und Ritual auseinander.

Nur gelegentlich entsteht der Eindruck, ein Aition wolle ein Ritual in all seinen Einzelheiten begründen. Im homerischen *Demeterhymnos* wird erzählt, wie Demeter in der Gestalt einer alten Frau nach Eleusis kommt und als Amme des kleinen Königssohns Demophon in den Palast eingeführt wird. Man bietet ihr Wein an, sie aber befiehlt, ihr einen Trank aus Mehl, Wasser und Minze zu reichen (*v.* 206ff.), den mythischen Prototyp des Kykeon, mit dem die eleusinischen Mysten ihre dreitägige Fastenzeit vor Beginn der eigentlichen Mysterienfeier beenden, wie Demeter damit ihr Trauerfasten um den Verlust ihrer Tochter vor dem Einzug in ihr Amt als Amme beendet. Die Entsprechungen sind eng, und doch wäre allein aus dem Mythos der Ritualakt nicht rekonstruierbar: das Aition ist Teil der Erzählung, die hier die Form einer typischen Szene, derjenigen der Ankunft eines Fremden, hat (vgl. Kapitel III).

Mythos und Ritual sind also eigenständige Gebilde, die sich zwar punktuell berühren können, aber eigenen Strukturgesetzen folgen. Mythen sind Erzählungen, gehorchen den Gesetzen der literarischen Gattung, in der sie erzählt werden, sind auch zusammengebaut aus erzählerischen Schemata, die von Mythos zu Mythos wandern: Leto muß vor Heras Zorn nicht anders fliehen als Io, Hera hält die Geburt Apollons genauso zurück wie diejenige des Herakles, die schwangere Rhoio wird vom empörten

Vater genauso ausgesetzt wie dies Danae, der Mutter des Perseus, geschah – wie diese Schemata Bestandteil der Grundstruktur eines Mythentyps sind, wurde oben (vgl. Kapitel II) bereits gesagt. Die philologische Methode, innerhalb solcher Motive Prioritäten aufzustellen, ursprüngliche von späteren Versionen trennen zu wollen, erscheint vor diesem Hintergrund voller Probleme.

Ganze Mythen ihrerseits wandern von Kult zu Kult: daß Orest aus dem Land der Taurer zusammen mit seiner Schwester Iphigenie ein hochaltertümliches Kultbild der Artemis mitbrachte, wird in Halai Araphenides ebenso erzählt wie in Sparta, in Tyndaris auf Sizilien ebenso wie in Aricia in Latium; nur daß in Tyndaris noch angefügt wird, Orest habe das Bild in Zweige gewickelt, weil im lokalen Ritual eine derart eingebundene Statue der Artemis Phakelitis, der »Göttin im Rutenbündel« mitgetragen wurde, in Aricia weitererzählt wird, das Bild sei später nach Sparta gebracht worden, weil die Kultstatue der Diana von Aricia in historischer Zeit markant anders aussah.

Soweit die synchrone Ebene, die Funktion des Aitions für die Zeitgenossen. Die delischen Mythen hatten gelegentlich auch in die Vergangenheit geführt: eine Reihe von Mythen ließ sich verbinden mit der Mythologie von initiatorischen Riten – Riten, welche in ethnologischen Kulturen rund um die Welt nachweisbar sind, bei den Griechen freilich durch andere Institutionen ersetzt und überlagert wurden. Dies soll nicht heißen, daß notwendig bestimmte griechische Mythen genetisch herzuleiten wären von prähistorischen, vielleicht auch mykenischen, vielleicht sogar archaischen Initiationsriten Griechenlands (dafür, daß die Transformation solcher Riten nicht allzuweit zurückliegt, spricht, daß in den archaischen Gesellschaften Kretas und Spartas die Institutionen um die Erziehung besonders der männlichen Jugend noch erstaunlich nahe an ethnologisch belegten Initiationsritualen sind, spricht wohl auch, daß die delischen Theseusmythen, die frühestens im sechsten Jahrhundert sich so ausbilden konnten, Spuren des rituellen Horizontes behalten haben). Wie sich aber bezeugte Institutionen der Griechen verbinden lassen mit dem entsprechenden ethnologischen Material, so lassen sich griechische Mythen mit der mythischen Ideologie dieser ethnologischen Rituale verknüpfen, entsprechen sich Mythos und Ritus nicht bloß in der Grundstruktur, sondern in Einzelheiten, die einen Zusammenhang garantieren.

Im Zentrum solcher ethnologischer Riten steht oft der Gedanke, daß die Initianden durch das Ritual verwandelt werden. Sie werden zu Männern gemacht, waren also vorher noch keine: erzählerisch wird dies zur Geschichte, wie ein Mann aus einem Mädchen entstanden ist. In Griechenland findet sich dies etwa im Aition für die vorhochzeitlichen Riten der Leto Phytia in Phaistos auf Kreta: einer Frau war in Abwesenheit des Mannes ein Mädchen geboren worden; weil der Vater sich aber einen Sohn gewünscht und eine Tochter auszusetzen gedroht hatte, wird das Kind Leukippos genannt und als Knabe erzogen. Wie dann die Geschlechtsreife naht, betet die verzweifelte Mutter um die Hilfe der Göttin: und aus dem Mädchen wird ein Mann. Drastischer noch ist der Gedanke, daß die Initianden getötet und neu geboren werden: in mannigfacher Form rituell ausgespielt, gehört er zur verbreitetsten Ideologie der Initiationsriten. In Griechenland wird vor allem von Tod und Menschenopfer gesprochen, wie unsere Beispiele zeigten: es waren die unheimlichen Seiten des Rituals, welche die Griechen heraushoben und welche die Mythen zu erklären versuchen.

Unsere Überlegungen sind von Delos und seinen Mythen ausgegangen. Der delische Teil des Apollonhymnos zeigt auch, wie die Mythenerzählung konkret sich ins Festgeschehen einfügte: von den Δηλιάδες, den delischen Mädchen ist die Rede, die ›zuerst Apollon in Hymnen besingen, dann aber Leto und Artemis‹ (*v.* 158). Daß auch der vorliegende Hymnos seinen Platz in diesem Repertoire hat, zeigt die Folge, wo sich der Dichter direkt an die Mädchen wendet: ›Mädchen, welcher Mann ist euch der angenehmste der Sänger hier, an welchem freut ihr euch am meisten? Ihr alle werdet als Antwort mich nennen ...‹ (*v.* 169). Die ältesten delischen Kultlieder aber wurden auf Olen zurückgeführt, wie Herodot berichtet – doch noch in hellenistischer Zeit ehren delische Inschriften uns nicht weiter bekannte Dichter für ihre Darstellung der ›einheimischen Mythen‹. Die Mythenerzählung hat dabei ihren festen Platz in der traditionellen Form des griechischen Hymnos, gehört in seinen »epischen« Mittelteil als Preis der überragenden Fähigkeiten der Gottheit, an die appelliert wird – dies gilt für die wenigen inschriftlich erhaltenen Kulthymnen nicht anders als für die Kultpoesie der archaischen Dichter, insbesondere des Pindar und Bakchylides: auch in ihren Hymnen und Paianen sind die Mythen zentral, selbst wenn es nicht mehr die lokalen Mythen eines Heiligtums allein sind.

Die Deliaden singen aber nicht nur von Apollon, Leto und Artemis, sie loben auch ›die Männer und Frauen der Vorzeit‹ (*v.* 160): sie singen von Heroen und Heroinnen, singen epische Themen. Damit verläßt die festliche Mythenerzählung weit stärker als die Kultpoesie der Dichter den Rahmen der auf das spezifische Fest sich beziehenden Mythen. Auch da ist Delos keine Ausnahme: der Vortrag von Epen gehört zu vielen Festen; die homerischen Hymnen sind überhaupt Einleitungen zum rhapsodischen Vortrag am Götterfest. Dasselbe gilt für die Chorlyrik: auch sie erzählt Mythen, Stesichoros, ihr wichtigster Dichter, gilt als der größte Mythenerzähler zwischen Homer und der Tragödie; daß sie zu Festen gehörte, ist unbezweifelt, auch wenn uns zumeist der genauere Anlaß eines Liedes entgeht. So wird die Mythenerzählung fast zum ästhetischen Selbstzweck, trägt vor allem bei zur Festlichkeit des Anlasses. Das Gedicht ist eine Art ἄγαλμα, ein immaterielles Weihgeschenk an die Götter – hellenistische Dichter lassen dann gelegentlich ihre Mythenerzählungen nach der Aufführung in Stein einmeisseln und im Heiligtum aufstellen.

Die eigentlichen Weihgeschenke aus Stein und Metall und die anderen bildlichen Darstellungen ihrerseits sind der andere Ort, wo im Heiligtum Mythenerzählung stattfindet; nicht als Schmuck des Festes diesmal, sondern als bleibende Zier des heiligen Raums. Auch hier muß der erzählte Mythos nicht notwendig zum Heiligtum gehören. Der Ostgiebel des Zeustempels von Olympia enthielt die Darstellung des Mythos von Pelops und Oinomaos, die mythische Grundlegung der olympischen Spiele, der Westgiebel aber stellte den Kampf zwischen Lapithen und Kentauren dar, in die ein strahlender Apollon eingreift. Mit Olympia hat dies vordergründig nichts zu tun – der Kampf der Lapithen und Kentauren verherrlicht freilich den Sieg der kämpfenden Griechen und ihrer Weltordnung über die chaotisch-unheimlichen Kentauren und mag so auf Olympia bezogen werden: Sport und Krieg sind nur graduell verschieden, denselben Sieg spielt auch Olympia immer wieder durch. Pausanias beschreibt ausführlich die Weihgeschenke im delphischen Heiligtum (10,9ff.): viele stellen delphische Mythen dar, mindestens ebenso häufig aber sind Darstellungen von Lokalheroen der weihenden Städte oder von ihren Lokalmythen, und besonders nennt Pausanias eine Eisengruppe eines Tisagoras, die Herakles im Kampf mit der Hydra darstellte und vor allem des seltenen Materials wegen bewundert wurde (10,18,6); hier geht es nur darum, ein kostbares Geschenk aufzustellen.

Gewiß: es war in diesem Kapitel kaum die Rede von den großen Mythen der klassischen Tradition: nicht sie, sondern die kleineren Aitia sind besonders eng mit der Realität griechischer Religionsausübung verbunden. Manche sind erst durch späte Autoren wie Pausanias bekannt, und wir wissen nicht mehr, wie gültig sie waren. Doch hat uns nicht nur der homerische *Apollonhymnos* mit

Mythenerzählung bekanntgemacht, die wirklich im Rahmen des Festes vorgetragen wurde. Herodot verweist auf die Hymnen des Olen, Inschriften belegen lokale Hymnendichter, das Aition von Halai Araphenides läßt Euripides erzählen: aitiologische Mythenerzählung gehörte schon immer zu griechischen Kulten.

VI

Mythos als Geschichte

Bis ans Ende der antiken Welt war den meisten Griechen selbstverständlich, daß wenigstens der Heroenmythos Geschichte ihrer Vergangenheit und daß diese Vergangenheit aus den Mythen ablesbar oder rekonstruierbar sei – wie auch die Göttermythen seit dem späteren sechsten Jahrhundert immer stärker als verschleierte Darstellung physikalischer, also ebenso realer Vorgänge verstanden wurden (vgl. Kapitel VIII). Platon bezeichnet das Erzählen von Mythen einmal als ›Suche nach vergangenen Dingen‹ (*Kritias* 110 A). Geschichtswerke pflegen mit der mythischen Vergangenheit anzufangen. Der »Vater der Geschichte«, Herodot, beginnt sein Werk, das auf eine Darstellung der Perserkriege hin angelegt ist, mit der Diskussion der Frage, wer denn eigentlich mit der Auseinandersetzung zwischen Griechen und Barbaren angefangen habe: die Phönizier hätten damit begonnen, sie hätten die Tochter des Königs von Argos, Io, entführt und nach Ägypten gebracht; die Griechen hätten mit der Entführung einer phönizischen Prinzessin, Europa aus Tyros, gleichgezogen. Dann seien sie ihrerseits schuldig geworden, hätten einen Raubzug nach Kolchis unternommen und neben andern Dingen Medea, die Königstochter, mitgenommen; zwei Generationen später hätten die Asiaten sich revanchiert, indem Paris von Troia Helena, die Frau des spartanischen Königs Menelaos, geraubt habe (1,2–4). Auch wenn Herodot diese Argumentation ›persischen Berichterstattern‹ (λόγιοι) in den Mund legt (die doch kaum eine derartige Kenntnis griechischer Mythologie gehabt haben) und die ganze Diskussion beiseiteschiebt mit der Bemerkung, er wolle sich nicht mit der Frage abgeben, ob dies nun so oder anders geschehen sei, sondern bei dem Mann einsetzen, von dem er genau wisse, daß er mit dem Unrecht angefangen habe – Kroisos, König von Lydien, eine durchaus historische Gestalt –, stellt er nicht den Mythos grundsätzlich in Frage: er zieht es lediglich vor, statt aus den unklaren Mythen die Wahrheit herauszudestillieren, bei verifizierbaren Ereignissen einzusetzen. Dies hindert ihn später nicht, die Herleitung der lydischen und persischen Königsdynastien von Herakles zu akzeptieren (1,7,2) und sie zum Eckpfeiler seines ganzen chronologischen Systems zu machen, indem er Herakles neunhundert Jahre vor seiner eigenen Zeit ansetzt (2,145,4). Ähnlich Thukydides, der doch gemeinhin und zu Recht als rationalster der griechischen Historiker angesehen wird: auch er ist äußerst zurückhaltend, wenn es gilt, von der ferneren Vergangenheit zu handeln, weil hier Gewißheit nicht zu gewinnen sei, ›denn die Menschen übernehmen die Nachrichten über Vergangenes, selbst in ihrer engeren Heimat, ohne große Prüfung‹ (1,20) – und doch beginnt er seine einleitende Frühgeschichte Athens und Griechenlands mit der für uns mythischen Zeit, kann er dabei scharfsinnige Überlegungen etwa darüber anstellen, wieso König Minos von Kreta notgedrungen die Seeräuberei eindämmen mußte (1,4): letztlich ist hier der modernere Thukydides weit zuversichtlicher, was die Historizität des Mythos angeht, als der angeblich naive Herodot, der die Seeherrschaft des Minos in die ungewisse Vorzeit verlegt, als ersten Seeherrscher ›der sogenannten menschlichen Epoche‹ Polykrates von Samos nennt (3,122). Im Ansatz läßt sich hier der Gedanke greifen, daß Mythos essentiell etwas anderes sein kann als Geschichte, indem der ›menschlichen Epoche‹ eine andere, die Herodot wohl heroisch genannt hätte, gegenübergestellt wird. Doch ist dies die Ausnahme, sonst trennt auch Herodot wie alle späteren Historiker den Mythos von der Geschichte allein durch den Grad der Verifizierbarkeit – je weiter ein Ereignis zurückliegt, desto problematischer ist es, seine genaue Form auszumachen. Unsere Kategorien von Mythos und Geschichte als zwei grundverschiedene, ja zueinander in krassem Widerspruch stehende Dinge gelten für antike Geschichtsschreiber nicht. Das zeigt auch die Terminologie: μῦθοι sind für Herodot nicht Geschichten wie die von Io oder Europa, Medea, Helena und Minos, sondern Berichte, die mit der Wahrscheinlichkeit und Erfahrung nicht übereinstimmen, einschließlich der Theorie, daß der Nil anschwelle, wenn Südwinde das Wasser des Okeanos in ihn hineinpreßten (2,23). Und wenn Thukydides τὸ μυθῶδες ablehnt, meint er damit die fabulierende, unterhaltende Ausgestaltung der historischen Erzählung, ›das nur so Erzählte‹: er will demgegenüber eben ›Gewinn für immer‹ schaffen (1,22).

Mythos als Geschichte zu verstehen, in Geschichte zu verwandeln, war aber auch das Anliegen der Vorgänger und Zeitgenossen der beiden großen Historiker, einschließlich des ersten von ihnen, des Hekataios von Milet, der vermutlich wenig vor 500 v. Chr. aktiv war. Sein Werk, später bald als *Stammbäume* (Γενεαλογίαι), bald als *Forschungen* (Ἱστορίαι) oder als *Heroenkunde, Heroenerzählungen* (Ἡρωολογίαι) bezeichnet (der Buchtitel war zu Hekataios' Zeit noch nicht erfunden, die Titel weisen auf spätere Versuche, das Werk zu kategorisieren), sammelt, sichtet und erzählt die Geschichte der Griechen bis zum troianischen Krieg, mithin der allein durch Mythenerzählungen bekannten Epoche. Freilich hält er die überkommenen Geschichten (λόγοι, *FGrHist* 1 F 1) für ›lachhaft‹, stellt ihnen seine eigene Wahrheit gegenüber: die wahre Bedeutung destilliert er aus ihnen, indem er den Maßstab von Wahrscheinlichkeit und gesundem Menschenverstand anlegt. Daß Herakles einst den dreiköpfigen Höllenhund Kerberos aus der Unterwelt holte, kann so nicht wahr sein – wohl aber so, daß er bei Kap Tainaron (wo man ein Tor zur Unterwelt angesetzt hatte) eine riesige Giftschlange gefangen habe, die »Hund des Hades« geheißen habe. Dreiköpfige Hunde in der Unterwelt sind unwahrscheinlich, riesige Giftschlangen nicht; der Mythos entstand, indem der Schlangenname wörtlich genommen wurde, als eine Max Müllersche »Krankheit der Sprache«. Noch harmloser ist eine andere Rationalisierung: von Danaos, dem mythischen Gründer von Argos, heißt es, er habe fünfzig Töchter gehabt. Das übersteigt Erfahrungswerte menschlicher Fertilität: ›ich glaube, nicht einmal zwanzig‹ (F 19). Der Mythos folgt offenbar menschlicher Neigung zu fabulierender Übertreibung: ›von Natur aus übertreibt man überraschende Dinge‹, theoretisierte noch Fontenelle. Das ist das methodologische Credo aller, die Geschichte aus dem Mythos herauslesen wollen: ›wir wollen also mit unserer Vernunft das bloß so Erzählte, Mythische reinigen, so daß es das Aussehen von Geschichte bekommt‹, skizziert Plutarch am Ende des ersten nachchristlichen Jahrhunderts diese Methode; ›Entschleierung des Geschichtlichen‹ nennt 1983 ein angesehener Althistoriker dies Vorgehen. Herodot ging in seinem Eingangskapitel nicht anders vor: nicht eine riesige, von Hera geschickte Bremse (dies die übliche Version) hat Io nach Ägypten getrieben, nicht ein in einen Stier verwandelter Zeus hat Europa entführt: Händler oder Seeräuber waren es (daß sich Herodot auch davon distanziert, indem er die Geschichten Persern oder Phöniziern zuschreibt, spricht für sein historisches Gefühl).

Der Titel *Stammbäume* weist darauf, daß Hekataios versucht hatte, mit Hilfe genealogischer Verbindungen eine chronologische Ordnung in die gewaltige Mythentradition der Griechen zu bringen; Titel und Anliegen teilt er mit andern frühen griechischen Historikern. Das Unternehmen ist bezeichnend: Mythen sind hier nicht in Zeitlosigkeit unabhängig voneinander schwebende Gebilde, sondern stehen in feststellbarer Verbindung zueinander, verhalten sich nicht anders als historische Dokumente. Dabei lassen sich im Lauf der Entwicklung zwei Tendenzen aufzeigen: einmal werden die Stammbäume immer strenger und präziser synchronisiert, so daß die Generationenreihe quer durch verschiedene Mythen stimmt; zum andern wird versucht, die große Lücke zwischen dem Ende der für uns mythischen Zeit, der Generation der Söhne der Troiakämpfer, und dem Einsetzen tatsächlicher historischer Erinnerung und Dokumentation zu überbrücken.

Schon zu Hekataios' Zeit war das Prinzip der genealogischen Verbindung von Mythen nicht mehr neu. Bereits das homerische Epos kennt Stammbäume. In der rudimentärsten Form erstrecken sie sich über drei Generationen: jeder homerische Held hat einen Vater, manchmal nennt Homer auch einen Sohn: Neleus – Nestor – Antilochos, Laertes – Odysseus – Telemachos. Längere Stammbäume sind besonderen Situationen vorbehalten – der ausführlichste ist derjenige des Aineias, den dieser dem Achill vor ihrem Zweikampf rezitiert, ›damit du unsere Herkunft kennst‹ (*Ilias* XX 215ff.). Über sechs Ahnen führt er dabei die troianische Herrscherfamilie, der er in einer Nebenlinie als Blutsverwandter von Priamos und Hektor mitangehört, auf Zeus zurück – ausführlich werden dabei Mythen heraufbeschworen, die sich an einzelne Ahnen wie Ganymedes anschlossen; in Ansätzen ist auch eine Stadtgeschichte Troias gegeben: Ilion am Rande der Skamanderebene, eine Gründung von Priamos' Vater Ilos, hatte eine Vorgängerstadt höher in den Bergen, Dardaniē, gegründet vom Zeussohn Dardanos.

Deutlich wird, wie in einen solchen Stammbaum verschiedene, letztlich selbständige Mythen eingearbeitet wurden (der Mythos vom schönen Ganymedes wurde die ganze Antike hindurch auch für sich erzählt), wie andererseits verschiedene Glieder vor allem Namengeber, Eponyme sind (Ilos, der Gründer von Ilion, Tros, der Herrscher der Troer), vielleicht allein deswegen erfunden wurden. Entscheidend aber ist, daß durch die Verbindung eine chronologische Sequenz geschaffen wird innerhalb der mythischen Zeit, von Zeus bis zu Aineias und Hektor. Wir fassen hier den epischen Sänger nicht nur als Erzähler, sondern auch als Sammler und Systematisierer von Mythen – eine Tätigkeit, die meist unterschätzt wird, die auch eben durch die quasi-historische Einreihung zur Rationalität der epischen Mythenerzählung beiträgt.

Weit deutlicher noch ist diese Tätigkeit der Aoiden in einem Hesiod zugeschriebenen, uns nur stark fragmentiert erhaltenen Hexametergedicht, dem *Frauenkatalog* (frg. 1–245 Merkelbach-West). Hesiod hatte in der *Theogonie* die genealogische Reihung zur Grundlage seiner Vision der Götterwelt und damit des von ihnen repräsentierten Kosmos gemacht, und die uns überlieferte *Theogonie* endet mit einer Liste der Heiraten des Zeus und der anderen Götter (886–1022). Der Frauenkatalog schließt hier an, geht aus von der Verbindung eines Gottes mit einer sterblichen Frau und verfolgt dann den Stammbaum durch die mythische Zeit bis zur Generation der Troiakämpfer und gelegentlich ihrer Söhne; katalogisiert wird mit der festen Einleitung ›oder wie diese ...‹, ἢ οἵη: von daher der alternative Titel *Ehoien*. Zusammengefaßt werden die einzelnen Stammbäume durch eine Herleitung der Heroen und Heroinnen vom gemeinsamen Urpaar Pyrrha und Deukalion, den Kindern von Epimetheus und Prometheus, den Überlebenden der Sintflut, und durch ihren Sohn Hellen, dem Eponymen der Hellenen. Auch die in der nächsten Generation sich verzweigenden Stammbäume beginnen mit Eponymen: mit Hellens Schwester zeugt Zeus Makedon und Magnes, die den Makedonen und den thessalischen Magneten ihren Namen gaben, mit einer Pandora, einer andern Schwester des Hellen, den Graikos, Eponym der nordwestgriechischen Graikoi, von denen die Römer ihre Graeci nahmen; Hellens Söhne sind Aiolos, Doros und Xuthos, Ahnen der drei bedeutendsten griechischen Dialekt- und Volksgruppen, der Aioler, Dorer und Ionier. Das ist mehr als bloßes Spiel. Es kategorisiert und ordnet die Vielfalt der sprachlich und kulturell verwandten Gruppen des griechischen Mutterlandes in archaischer Zeit, sanktioniert die Abgrenzung durch die Ansetzung in die Zeit unmittelbar nach der Sintflut, dem Beginn der Jetztzeit, und gibt eine Orientierungshilfe in der Welt der politisch-ethnischen Gruppierungen, nicht anders als die *Theogonie* nicht bloß die Kultgötter, sondern den Kosmos überhaupt ordnet und verständlich macht.

Man kann natürlich nun einwenden, Genealogie sei nicht Mythenerzählung, sei bloße Reihung von Namen. Nur: fast jeder Name zieht ja einen Mythos nach sich. So kann Mythologie anhand von Genealogie getrieben werden, wie die *Ehoien*, wie der Stammbaum des Aineias zeigte. Und noch enger werden Stammbaum und mythische Erzählung in jenen seit der spätarchaischen Epik faßbaren Geschichten verbunden, wo ein Fürstenhaus von Generation zu Generation von einem Fluch heimgesucht wird, wie die Tantaliden, die Könige von Mykene und Argos. In der *Ilias* (II 101 ff.) tönte es noch harmlos, wo der Weg des Szepters von Agamemnon beschrieben ist, von Hermes an Pelops, dann an dessen Sohn Atreus; dieser wird von seinem Bruder Thyestes abgelöst, der das Szepter schließlich Atreus' Sohn Agamemnon gibt. Später, so bei den attischen Tragikern, sind Atreus und Thyestes Feinde:

In Atreus' Herde war ein Lamm mit goldenem Fell erschienen. Anstatt es Artemis zu opfern, behält es Atreus als Garant seiner Herrschaft, doch Thyestes raubt es ihm mit Hilfe von Atreus' Frau, die er verführt. Atreus tötet die Ehebrecherin, vertreibt den Bruder, der aber stiftet einen Neffen an, den Vater zu töten – statt dessen tötet Atreus unwissend den Sohn. Zur Rache setzt er, bei einer vorgeblichen Versöhnungsfeier, Thyestes dessen getötete Kinder vor; schließlich erschlägt Aigisth, Thyestes' Sohn, seinen Onkel. Den Fluch, der seine Söhne so gräßlich umtreibt, hatte Pelops ausgesprochen, weil sie ihren Stiefbruder, ebenfalls Pelops' Sohn, erschlagen hatten. Letztlich aber hängt über der Familie die Verfluchung durch Myrtilos, den Wagenlenker, der Pelops an die Macht geholfen hatte, den dieser aber dann tötete. Der Fluch setzt sich in der folgenden Generation fort: Aigisth verführt Klytaimnestra, Agamemnons Frau, diese erschlägt ihren Mann; Agamemnons Tod rächt sein Sohn Orest durch Muttermord und gerät in scheinbar unlösliche Konflikte (s. Kapitel VII).

Bei aller Systematisierung ist aber der Frauenkatalog keineswegs voll durchsynchronisiert – erst spätere Historiker werden genauer sein wollen –, er hört zudem mit der Generation der Söhne der Troiakämpfer auf – erst die Folgezeit beginnt, die Lücke aufzufüllen. Anstöße kamen dabei sowohl von einzelnen Adelsfamilien wie von ganzen Staaten und ihrem Bedürfnis nach Geschichte. Griechische Adlige knüpften ihre Familien nun an die Stammbäume der epischen Heroen, mithin an deren göttliche Ahnen an: das drückt Anspruch auf politischen Status aus. So hören wir von Aineiaden in der Troas, die sich von Aineias ableiteten (ihnen zuliebe, meint mancher Forscher, sei der Held in der *Ilias* so hervorgehoben worden). Doch ist die Anknüpfung nicht auf Fürstenhäuser beschränkt – auch Hekataios soll sich in der sechzehnten Generation auf einen Gott zurückgeführt haben (Herodot 2,143). Zwischenstufen, die hier fehlen, fassen wir im Stammbaum des Miltiades, des Großvaters des gleichnamigen Marathonsiegers (490 v. Chr.), der sich auf Philaios, den Eponym der Adelsfamilie der Philaidai und Sohn des homerischen Aias, Sohn des Telamon, zurückführte. Die überlieferten zwölf Zwischenglieder sind für uns alles leere Namen, doch irgendwo muß historische Erinnerung eingesetzt haben. Wie weit diese zurückreichen konnte, zeigt der inschriftliche Stammbaum eines Chioten des späteren fünften Jahrhunderts: er umfaßt vierzehn Generationen, über vierhundert Jahre, und keiner der Namen läßt sich in bekannte Mythen einfügen: vielleicht geht die Familienerinnerung tatsächlich bis in die Zeit der Einwanderung auf der Insel zurück.

Diese Verbindung der heroisch-epischen und der historischen Stammbäume setzt beinahe unvermerkt ein, und doch ist sie konzeptuell äußerst bedeutsam: damit hört der Mythos endgültig und demonstrierbar auf, eine Angelegenheit in *illo tempore* (M. Eliade) zu sein, in einer chronologisch nicht genau faßbaren Zeit, der Epoche von »Halbgöttern«, ἡμίθεοι (*Ilias* XII 23), von Hesiods Heroen, deren Epoche von der unseren radikal getrennt ist (*Werke und Tage* 156ff.) – deren Gräber und Gebeine aber doch seit dem achten Jahrhundert gefunden, benannt und verehrt werden. Jetzt kommt die epische Heroenzeit in eine datierbare Beziehung zur Jetztzeit, kann Aias zwölf Generationen vor dem älteren Miltiades angesetzt werden, mithin (drei Generationen auf ein Jahrhundert gerechnet) ins mittlere zehnte Jahrhundert. Eben diese Bindung der mythischen Heroen an Gebeine und Gräber ist doch wohl der erste Schritt gewesen, Mythos als Geschichte anzusehen (Kapitel III), dadurch werden die Heroen zu Menschen der Frühzeit. Mit einer ausgearbeiteten Chronologie wird dann die Heroenzeit vollständig rational eingeholt in eine als Kontinuum gedachte und meßbare Vergangenheit.

Die älteste genealogische Reihe freilich ist ebensosehr Staatsgeschichte wie Ausdruck privaten Adelsstolzes. Es ist dies die Reihe der spartanischen Könige. Herodot bringt zweimal, wie er spartanische Könige als Feldherren der Griechen im Perserkrieg nennt, ihre eindrücklichen Stammbäume, denjenigen des Leonidas (7,204) und den des Leotychidas (8,131). Die privaten Stammbäume der beiden Könige fallen dabei weithin mit der Liste der Könige des spartanischen Doppelkönigtums zusammen, Leonidas führt sich auf Agis zurück, den Ahn der Agiadendynastie, Leotychidas auf Euryphon, denjenigen der Eurypontiden, beide werden letztlich zurückgeführt auf Herakles, den Sohn des Zeus. Wieder sind mythische und historische Zeit sauber verknüpft. Das Alter dieser Genealogien ist ungewiß, bereits der spartanische Dichter Tyrtaios im frühen siebenten Jahrhundert kennt jedenfalls die Herleitung von Herakles. Es ist kaum denkbar, daß nicht schon zu seiner Zeit die Linie ausgezogen war; die ganze Reihe wird also ins achte Jahrhundert zurückführen. Genealogie blieb für die Spartaner das Zentrum ihrer Nationalgeschichte – der Sophist Hippias von Elis rühmt sich bei Platon, in Sparta mit dem Erzählen von Altertümern und Stammbäumen ganz besonders Erfolg gehabt zu haben (*Hippias maior* 285 D). Sparta, altertümlich-konservativ, bewahrt auf, was andere griechische Staaten in archaischer Zeit ebenso geschätzt hatten.

Der umfassendste Versuch, mit Mythenerzählungen die Lücke zwischen dem Ende der epischen Zeit und dem Einsetzen historischer Erinnerung zu füllen und damit auch die politisch-ethnischen Unterschiede zu erklären, die zwischen dem Griechenland des Epos und dem der historischen Jahrhunderte bestanden, sind die Berichte von der Rückkehr der Herakliden und der Auswanderung der Ionier. Für *Ilias* und *Odyssee* war die Peloponnes eingeteilt in eine Reihe lokaler Fürstentümer – dasjenige des Agamemnon in Mykene, des Menelaos in Sparta, des Nestor in Pylos – während die westkleinasiatische Küste ungriechisch, ihre Bewohner Karer, Leleger und andere Barbarenvölker waren (*Ilias* X 428 ff.). Im ersten Jahrtausend saßen hier von Süden nach Norden Dorer, Ionier und Aioler, die alle Verwandte im gegenüberliegenden Mutterland hatten, war dieses selbst in die verschiedenen Stammesgruppen und Stadtstaaten eingeteilt.

Antike und Moderne stimmen darin überein, daß sie diese Veränderungen als Ergebnisse von Bevölkerungsbewegungen betrachten: die Dorer, in der Bronzezeit in Nordwestgriechenland zu Hause, eroberten die Peloponnes mit Ausnahme des gebirgigen Arkadien, wanderten dann weiter über Kreta nach Rhodos, Kos und der kleinasiatischen Küste; die Aioler überquerten die nördliche Aegäis, siedelten auf Lesbos und seinem asiatischen Hinterland; die Ionier füllten den Raum zwischendrin. Dabei zeigt die moderne Archäologie, daß einzelne ionische Städte Kleinasiens bereits in der Bronzezeit von Griechen besiedelt waren, daß aber beim Zusammenbruch der mykenischen Welt auch diese Städte zerstört wurden und die Neusiedlung erst nach einer zeitlichen Lücke von mindestens einem Jahrhundert einsetzte. Die Eigenart der Keramikfunde verbindet die Neusiedler dabei mit Athen.

Problematischer ist die dorische Wanderung. Die gängige Ansicht läßt die Dorer in ein Vakuum eindringen, welches durch die vorüberrollende Invasionswelle des sogenannten Seevölkersturms um 1200 geschaffen worden war, was die Randvölker in Nordwestgriechenland einlud, nach Süden vorzudringen. Weil aber die Dorer keine für sie typische archäologische Spuren hinterließen, und weil sich schon in der Sprache der mykenischen Linear-B-Tafeln Spuren von dorischem Dialekt fanden, haben in letzter Zeit angelsächsische Forscher die Wanderung überhaupt in Frage gestellt und die Dorer als die alte, von den mykenischen Herren unterdrückte Bevölkerung angesehen. Das wird zuweit gehen; die dorischen Dialektspuren sind nicht sehr manifest, und die Archäologie zeigt jedenfalls einen faßbaren Bruch in Keramikstil und Siedlungsspuren zumindest in Sparta. Man muß mit der Zuwanderung neuer Bevölkerungselemente rechnen, wenn auch nicht im Stil einer Völkerwanderung, sondern eher als das Einsickern kleiner Gruppen, die sich an die bereits vorhandenen Bewohner assimilierten.

Ganz anders der antike Bericht über die nachmykenische Besiedlung der Peloponnes, der etwa übereinstimmend in zwei späten Kompilationen, der Universalgeschichte des Diodor von Sizilien und der *Bibliothek* Apollodors erhalten ist, in seinen Hauptzügen aber vor das fünfte Jahrhundert zurückgeht: es ist dies die Erzählung von der Rückkehr der Herakliden, der Nachkommen des Herakles.

Vor dem Erzfeind ihres Vaters, dem König Eurystheus von Mykene, waren sie auf Umwegen zu Theseus nach Athen geflohen. Der attische König schützte sie gegen die Truppen des Eurystheus, den Herakles' Sohn Hyllos dann auch im Zweikampf erschlug. Eine Rückkehr des Hyllos in die Peloponnes, das angestammte Erbland seines Vaters, mißlingt – sei es, daß ein Orakel auf eine Dürre hin die Rückkehr erst ›nach drei Ernten‹ verlangte, sei es, daß Hyllos im Zweikampf mit einem Peloponnesier unterlag und die Herakliden sich verpflichten mußten, vor dem Ablauf von hundert (oder fünfzig) Jahren nicht mehr zurückzukommen; sie verbrachten die Wartezeit bei König Aigimios, einem Sohn des Doros und Freund des Herakles. Eine weitere Rückkehr nach drei Jahren scheitert wieder. Apollon hatte drei Generationen, nicht Jahre gemeint. Nach dieser Zeit wandern die Herakliden unter der Führung von Temenos, Kresphontes und Aristodemos und zusammen mit den Dorern des Aigimios zurück, müssen jedoch noch einmal warten, weil die Herakliden einen Apollon heiligen Seher ermorden, Apollon ihnen ein weiteres Rätselorakel aufgibt. Sie lösen es, haben endlich Erfolg und losen die Peloponnes untereinander aus: Temenos bekommt die Argolis, die Söhne des unterdessen vom Blitz erschlagenen Aristodemos Sparta, Kresphontes durch einen Betrug das reiche Messenien.

Höchstens der allgemeine Rahmen – daß nämlich die historischen Dorer, also Argiver, Spartaner, Messenier nicht allzu lange vor dem Beginn der historischen Zeit aus Mittelgriechenland einwanderten – stimmt zur archäologisch erschlossenen dorischen Wanderung – und selbst er nur für die Dorer des Aigimios, die in der Erzählung eine Nebenrolle spielen, vielleicht aus einem einst unabhängigen Mythos einbezogen wurden (freilich leitet sich die Grundeinteilung aller dorischer Staaten in drei Phylen von zwei Aigimiossöhnen, Dymas und Pamphylos, und dem Herakliden Hyllos ab, müssen die Mythen schon früh kombiniert worden sein). Die Herakliden jedenfalls kehrten in ihr angestammtes Herrschaftsgebiet zurück, aus dem einst Eurystheus sie vertrieben hatte. Die historische Landnahme wird im Mythos zum langen und verwickelten Kampf um angestammtes Recht. Das gibt nicht nur eine spannende Erzählung, legitimiert vielmehr eben diese Eroberung – genau wie der Betrug des Kresphontes die spätere Eroberung Messeniens durch Sparta, welche ja die einstige Verteilung aufhebt, legitimiert und moralisch akzeptabel macht; wie die Besiedlung Spartas durch die beiden Söhne des Aristodemos, der aus aitiologischen Gründen durch den Blitz aus der Geschichte entfernt wurde, das spartanische Doppelkönigtum begründet, dessen beide Königshäuser auf die Enkel des Aristodemos, Agis und Euryphon, zurückgehen. Und das Eintreten des Theseus für die Herakliden erklärt nicht nur die

Kulte des Herakles in Attika, sondern drückt auch Athens Anspruch auf Gleichberechtigung, wenn nicht Überlegenheit über die Dorer aus, was mitten in die politischen Auseinandersetzungen des fünften und vierten Jahrhunderts führt.

Neben die politische Aitiologie treten narrative, treten vor allem mythenchronologische Anliegen als Formkräfte der Erzählung. Hyllos gehört in die Generation der Troiakämpfer um Agamemnon. Agamemnons Familie regierte aber noch in seinem Enkel in Mykene. Erst danach kann die Ablösung durch die Herakliden erfolgt sein, drei Generationen oder fünfzig bis hundert Jahre später. Die nötige Retardation bewirkt eben das erste, prompt mißverstandene Rätselorakel oder der gut epische Zweikampf der Heerführer. Die zweite Retardation wiederholt das Rätselorakel (das aber diesmal auf Anhieb richtig gedeutet wird); sie scheint rein erzählerisch motiviert.

Auch hier ist mithin Mythos Erklärung und Legitimation der Gegenwart, Erklärung der dialektalen und ethnischen Zustände der nachbronzezeitlichen Peloponnes, Legitimation der damit verbundenen politischen Gruppierungen: eben deswegen wird er als Geschichte genommen, als Darstellung einer vergangenen, aber in ihren Folgen nachwirkenden Realität. Daß bei diesem Fehlen einer scharfen Grenze zwischen Mythos und Geschichte auch umgekehrt das historische Ereignis in den narrativen Formen der Mythenerzählung sich niederschlägt, ist zu erwarten. Lehrreich ist, wie etwa vom Ende des lydischen Königs Kroisos erzählt wird.

Kroisos hatte im Vertrauen auf ein zweideutiges Orakel die mächtigen Perser angegriffen: der ungleiche Kampf endete in der Eroberung seines Reichs und seiner Gefangennahme durch den Perserkönig Kyros im Sommer 547. Kroisos sollte lebend verbrannt werden. Als er auf dem Scheiterhaufen (so berichtet Herodot) laut dreimal ›Solon!‹ rief, wollte Kyros den Grund für den Stoßseufzer wissen. Solon, so erzählt der Lyder vom brennenden Scheiterhaufen herab, habe ihm seinerzeit erfolglos klarzumachen versucht, daß erst am Lebensende jemand wirklich glücklich zu preisen sei. Jetzt erkenne er die Wahrheit jener Lehre. Kyros geht seinerseits in sich, läßt das Feuer löschen und macht Kroisos zu seinem Ratgeber.

Wenig früher hatte der Chorlyriker Bakchylides dasselbe historische Ereignis dargestellt: doch bei ihm ruft Kroisos die Götter um Hilfe, prompt läßt Zeus durch einen Regenguß den Scheiterhaufen löschen, entführt Apollon den König und seine Töchter zu den Hyperboreern – das wirkt mythischer, arbeitet mit der wundersamen Hilfe der Götter als Lohn für menschliche Frömmigkeit (Kroisos hatte Apollon einst reiche Gaben nach Delphi gesandt), und ist dennoch nicht unwahrer als Herodots Bericht. Es ist chronologisch unmöglich gewesen, daß der Athener Solon je den Lyder Kroisos hat treffen können. Herodots Erzählung gibt sich bloß rationaler, hat ein anderes Anliegen, nämlich Herodots Botschaft vom unvorhersehbaren Wechsel der menschlichen Dinge zu illustrieren. An das historische Ereignis vom Sommer 547 haben sich zwei Geschichten angelagert, und die genauen historischen Details bleiben uns ungreifbar. Die Geschichten werden traditionell – dieselbe Version wie Bakchylides hatte schon früher ein attischer Vasenmaler wie andere Mythen auch auf einem Gefäß dargestellt (Abb. 6).

Fehlt so eine Grenze zwischen Mythos und Geschichte, bleibt der Mythos, solange er wirklich lebt, offen für Veränderungen, wenn sich die Zustände der Gegenwart ändern. Die delischen Mythen um Theseus entstanden als Folge athenischer Ansprüche auf die Insel (Kapitel v): gerade für die Mythen um den attischen Heros sind wir besonders gut dokumentiert, um solche Veränderungen erfassen zu können.

In archaischer Zeit ist Theseus ein Heros unter anderen, von dem einige Abenteuer öfters erzählt wurden. Im Epos berichtet Nestor, wie Theseus zusammen mit Peirithoos gegen die Kentauren kämpfte (*Ilias* I 263 ff.), Odysseus, wie er im Jenseits Ariadne, die Tochter des Königs Minos, sah (*Odyssee* 11,321): Theseus habe sie nach Athen holen

Abb. 6. König Kroisos auf dem Scheiterhaufen. Attisch-rotfigurige Amphora des Myson, um 500 v. Chr.

wollen, Artemis sie auf Anraten des Dionysos auf Dia getötet; das setzt das Minotaurosabenteuer voraus. Auch Theseus und Peirithoos hätte Odysseus sehen können, wäre er länger bei den Toten geblieben (*Odyssee* 11,631); vorausgesetzt ist die Erzählung, wie die beiden Persephone, die Königin der Unterwelt, hatten rauben wollen, statt dessen in der Unterwelt festgehalten wurden. Der Versuch des Theseus, die junge Helena zu rauben, wird schließlich dort vorausgesetzt, wo Theseus' Mutter Aithra unter Helenas Dienerinnen erscheint (*Ilias* III 144); Helenas Brüder, die Dioskuren, hatten nicht nur die Schwester zurückgeholt, sondern auch gleich Theseus' Mutter mitgenommen, bei der Helena versteckt war.

Frauenraub und Kampf gegen Ungeheuer: diese Taten des Theseus sind auch in der frühen Lyrik und der archaischen Kunst immer wieder dargestellt – das älteste erhaltene Bild des Kampfs mit dem Minotauros ist korinthisch und gehört noch ins siebte Jahrhundert. Spezifisch athenisch ist Theseus hier nirgends.

Abb. 7a. Theseus vollbringt seine Taten unter Athenas Schutz (von Athena aus im Uhrzeigersinn): Tötung des Sinis (Fichtenzweige!), Skiron und Prokrustes, der krommyonischen Sau, des Minotauros, Bändigung des marathonischen Stiers. Attisch-rotfigurige Schale des Kleophrades-Malers, ca. 500–480 v. Chr.

Das ändert sich radikal im letzten Viertel des sechsten Jahrhunderts: jetzt setzen sprunghaft attische Vasenbilder ein, die Theseus darstellen, werden am Schatzhaus der Athener in Delphi (um 500 v. Chr.) Theseus' Taten denen des Herakles gegenübergestellt – nicht mehr anstößige Entführungen von Frauen und Mädchen oder nur Kämpfe gegen Halbtiere, sondern vor allem eine zivilisatorische Tat, die Reinigung der Straße von Troizen nach Athen von allen möglichen Wegelagern – Skiron, der seine Opfer über die Klippen warf, Sinis, der die Reisenden durch eine junge Fichte zerreissen ließ, Prokrustes, der sie durch Strecken seinem Riesenbett anpaßte, was regelmäßig tödlich endete, Kerkyon, ein gewaltiger Ringer, der seine Opfer zerdrückte. Der Kontrast zu Herakles und seinen Taten, die gegen wilde Tiere und ausländische Ungeheuer gefochten wurden, erscheint beabsichtigt.

Höhepunkt der athenischen Theseusbegeisterung aber war die Entdeckung seiner Gebeine auf der Insel Skyros und ihre Rückführung durch Kimon, des Sohns des Marathonsiegers Miltiades, im Jahre 476; man erzählte sich auch, daß Theseus selber bei Marathon helfend eingegriffen habe.

Ausgangspunkt dieser ganzen athenischen Theseustradition muß ein Epos gewesen sein, die *Theseis*, entstanden spätestens im letzten Viertel des sechsten Jahrhunderts aus dem Willen heraus, Athen einen nationalen Heros zu geben. Theseus, dessen Taten seit Homer weit herum bekannt waren, bot sich an, weit besser jedenfalls als Athens blasser Vertreter vor Troia, König Menestheus (*Ilias* II 552).

Ob dabei eher der Tyrann Peisistratos oder aber der Begründer der athenischen Demokratie Kleisthenes den entscheidenden Anstoß gab, ist umstritten, hier aber nicht so wichtig, entscheidend ist, daß politische Gründe dazu führten, die Theseusmythen als Darstellung athenischen Selbstverständnisses episch auszugestalten.

Abb. 7b. Theseus und der Ringer Kerkyon. Innenbild derselben Schale.

Theseus ist dabei nicht einfach wie andere Heroen Vollbringer gewaltiger Taten. Die Folgezeit, vor allem die attische Lokalgeschichte des vierten Jahrhunderts, hat vielmehr gerade mit den alten Abenteuergeschichten ihre Schwierigkeiten, rationalisiert etwa den in archaischer Zeit so beliebten Kampf mit dem Minotauros rücksichtslos; das Ungeheuer wird jetzt zu Tauros, Offizier des Minos, den Theseus in einer Seeschlacht (Demon, FGrHist 327 F 5) oder im Zweikampf besiegt (Philochoros FGrHist 328 F 17); das Kretaabenteuer wird überhaupt verstanden als Invasion von Exilkretern mit Athens Hilfe, um den Tyrannen Minos zu stürzen (Kleidemos FGrHist 323 F 17): der menschlich-historische König Theseus kann nicht mehr gegen Monster antreten.

Den Anstoß muß eben die *Theseis* gegeben haben, indem sie Theseus dadurch zum Begründer des athenischen Staates machte, daß er die in Attikas Dörfern verstreute Bevölkerung an einen Ort, Athen, zusammenzog. Dieser Synoikismos (»Zusammensiedlung«) galt in der ganzen Folgezeit als zentrale Tat des Theseus, hatte seinen Niederschlag auch im Fest der Synoikia gefunden, das Theseus gestiftet haben soll. Das Fest fand am 16. Hekatombaion statt, unmittelbar nach dem Vollmond des ersten athenischen Monats, den verschiedene Riten von Auflösung und Neubeginn als Neujahrsmonat kennzeichnen. Auch das seltsame Opfer der Synoikia, bei dem das Fleisch nicht gemeinsam gebraten, sondern roh nach Hause gebracht wurde, spielt eine solche Auflösung der politischen Einheit aus, auf die ein Neuanfang folgt. Der Mythos, daß die Athener erst vereinzelt in ihren Dörfern wohnten, dann von Theseus vereint wurden, zeichnet eben diesen rituellen Ablauf nach, ausgedrückt im Kode des politischen Handelns. Einen tatsächlichen frühgeschichtlichen Synoikismos müssen Mythos und Ritual nicht aufbewahren – selbst wer behauptet, daß der Mythos ›echte, auf historischem Grund ruhende Sage‹ (H. Herter) sei, muß zugeben, daß dieser historische

Synoikismos vermutlich anders ablief, als ›lange und allmähliche Entwicklung‹. Vom Mythos bleibt dann nichts mehr als der Grundgedanke, daß eine große Stadt entstanden sei durch Vereinigung mehrerer Dörfer; das ist logisch befriedigend, sei es nun historisch oder nicht.

Entscheidender ist, daß Theseus hier aus dem Märchenhelden zum quasihistorischen, souverän handelnden Politiker geworden ist. Extreme Demokraten des vierten Jahrhunderts (denen Euripides vorangegangen war) ließen ihn dann überhaupt als König abdanken und die Demokratie einführen; Theophrast, Aristoteles' Schüler, macht ihn gar zum Erfinder des Ostrakismos, des basisdemokratischen Scherbengerichts – zweifellos in polemischer, antidemokratischer Absicht, denn er stellt ihn gleich als erstes Opfer seiner Erfindung hin. Sein Lehrer hatte, historisch richtiger, den Ostrakismos auf Kleisthenes zurückgeführt, Theseus eine ›etwas von der Monarchie abweichende‹ Verfassung zugeschrieben (*Athen. Pol.* 41,2). Auf der Gegenseite stellte Thukydides ihn als absoluten Monarchen dar, der genügend Gewalt besaß, für seinen Synoikismos die einzelnen Dörfer zwangsweise ihrer Souveränität zu entkleiden (2,15). Plutarch stellte sich denselben Vorgang so vor, daß Theseus von Dorf zu Dorf und von Adelssitz zu Adelssitz ging und seine Idee propagierte, die einfachen Leute ihm mit Begeisterung, die Adligen widerwillig mit Rücksicht auf seine Hausmacht folgten (*Theseus* 24,1 f.).

Gewiß, nicht jede dieser Einzelheiten ist nun traditionelle Erzählung – doch der Ausgangspunkt, das Bild des Theseus als attischer König, ist es gewiß, und von ihm leiten sich die Weiterungen her. Der Theseusmythos stellt sich mithin in einer Form dar, die jeder Grieche als Geschichte verstehen konnte, und dies bereits im späteren sechsten Jahrhundert, falls nicht die Aitiologie des Festes der Synoikia noch höher hinaufführen sollte.

Dieser Überblick sollte nun gezeigt haben, daß dieses Verständnis des Mythos als Geschichte nicht eine spätere

Entwicklung ist, gar eine Entleerung, wie Evolutionisten, befangen im Schema »von Mythos zum Logos«, allzu gerne annahmen. Mythen, vor allem die Heroenmythen, sind der ganzen Antike Geschichte. Die Gründe dafür lassen sich ausmachen. Zum einen hat der Heroenmythos in archaischer Zeit die feste Form des epischen Gedichts, insbesondere des homerischen Epos; schon Homer strukturiert die Mythenwelt nach chronologischen, sozusagen historischen Kriterien. Das ist Teil des homerischen Realismus, der sich von Phantastischem und Märchenhaftem möglichst fernhält (vgl. Kapitel III).

Derselbe Realismus, den man bald als Mangel an Phantastik gerügt (G. S. Kirk), bald als charakteristische Bezugnahme und Verwurzelung in der rein menschengestaltigen Welt gelobt hat (B. Vickers – zu Recht und überzeugend), kennzeichnet aber die griechische Mythenerzählung auch sonst. Ungeheuer sind selten und erstaunlich zahm; am kompliziertesten noch ist die Chimaira (›vorne der Löwe, hinten die Schlange, in der Mitte die Ziege‹) oder Hesiods Typhon mit seinen verschiedenen Tierköpfen. Häufiger sind Tiere wie die, welche Herakles bekämpft: ein Löwe, freilich mit einer Haut, die Eisen standhält, ein Stier und ein Eber, bloß größer und wilder als gewöhnlich, Pferde, allerdings menschenfressende, eine Hirschkuh mit goldenem Geweih; spektakulärer ist Kerberos mit seinen drei Köpfen, die Hydra mit ihren vielen Schlangenhälsen. Doch die meisten Akteure griechischer Mythen sind menschengestaltig, und ihre Taten sind menschlich genug – Mord, Vergewaltigung, Kannibalismus, doch auch Liebe, Freundschaft, Heirat. Eine Musterung der attischen Vasenbilder bestätigt diesen eminent anthropomorphen Charakter: Ungeheuer sind rar (von Herakles' Taten ist der Kampf mit dem Löwen am häufigsten dargestellt, von Theseus der mit dem Minotauros, einem auch nicht gerade spektakulär phantastischen Unhold), dominant sind Szenen zwischen Menschen, und nicht immer wissen wir ohne Beischrift, ob nun ein Mythos dargestellt ist oder eine Alltagsszene. Ist der Krieger, der Abschied nimmt, in jedem Fall Hektor, der Tote, um den gekämpft wird, immer Achilles? Diese Menschenhaftigkeit, Menschlichkeit der Mythenerzählung ist es auch, welche sowohl Epos wie Tragödie zu Gipfelpunkten nicht nur griechischer Literatur machte und den Mythos von da aus bis in die Gegenwart immer hat wirken lassen.

VII

Mythos, Chorlied und Tragödie

Neben die epische Mythenerzählung der archaischen Epoche tritt im fünften Jahrhundert diejenige der attischen Tragödie; in beiden ist der Mythos der Stoff der Dichtung. Schon antike Autoren nannten Homer den Vater der Tragödie, und Aischylos soll gesagt haben, er arbeite mit den Brosamen vom Tisch Homers. Der Tragiker stellt sich bewußt in die epische Tradition der Mythenerzählung, nichtmythische Tragödien sind Experiment geblieben – am Anfang der tragischen Dichtung, wo von Phrynichos, dem älteren Zeitgenossen des Aischylos, zwei Tragödien über das Thema des Persereinfalls bezeugt, von Aischylos selber die *Perser* von 472 erhalten sind, und an ihrem Ende, wo von Agathon, Sokrates jungem Freund, ein Titel erhalten ist, der auf nichtmythischen Inhalt hinweisen kann.

Daß die Tragödie, die doch (um einmal das Allerallgemeinste abzustecken) sich mit der Lage des Menschen in seiner Welt abgibt, dies anhand von Stoffen des Mythos tut, darf nicht verwundern. Mythen handeln von Göttern und Heroen. Daß die Lage des Menschen durch die Götter wesentlich bestimmt sei und ohne sie nicht verstanden werden könne, ist auch im fünften Jahrhundert selbstverständlich. Die Heroen aber, verstanden als große Tote einer irgendwie historischen Vergangenheit, haben jene Größe über unser Maß hinaus, das sie zu exemplarischen Gestalten macht. Beide aber, Heroen und Götter, sind auch Gestalten des Kults und so mit einer Verbindlichkeit ausgestattet, die erfundene Personen oder solche der jüngsten Vergangenheit selten haben.

Erstaunlicher – und hier teilt die Antike unsere Verwunderung – ist, daß die Tragödienaufführung ein Bestandteil des Dionysoskultes war, daß Tragödien erst nur an den drei Tagen der Großen Dionysia im Monat Elaphebolion (März/April), später auch an den Lenaia im Gamelion (Januar/Februar) aufgeführt wurden, daß der Ort immer das Heiligtum des Dionysos im Südhang der Akropolis war, daß sich an die Tragödientrilogie ein Satyrspiel anschloß, dessen »Helden« ein Chor von Satyrn, Dionysos' halbtierischen Verehrern, war, daß die Antike denn auch die Tragödie aus Erscheinungen des Dionysoskultes ableitete, daß aber anderseits Tragödien dionysischen Inhalts verschwindend wenige bezeugt sind. Es sind Stoffe des Heroenmythos überhaupt, die dargestellt werden; über ein Viertel der erhaltenen Tragödientitel weisen auf Mythen aus dem troianischen Krieg, je ein Zehntel auf solche des argivischen und thebanischen Königshauses. Wieso dieses Paradox?

Die Antwort hat zwei Seiten. Einmal ist Dionysos ein Gott, der von draußen kommt und den Alltag aufhebt, sein Fest schafft einen Raum außerhalb des Polisalltags – die Schauspieler sind denn auch verfremdet durch Maske, Kothurn und barbarisch-bunte Kostüme, und bereits der Gang ins Dionysostheater, am Hang zwischen Wohnstadt und Götterburg gelegen, führt für drei Tage aus dem vertrauten Alltag hinaus. Gerade solche marginalen Perioden aber schaffen Gelegenheit zum Infragestellen von und Nachdenken über dieses bisher Vertraute, die Polis, die Menschen, die Götter, schaffen zugleich ein Gemeinschaftsgefühl, in welchem ein derartiges Infragestellen verkraftbar ist; in dieser Perspektive eignet sich das Dionysosfest durchaus für die Tragödienaufführung.

Die andere Seite der Antwort führt in das Labyrinth der Tragödienentstehung – eines der meistdiskutierten Probleme der griechischen Literaturgeschichte. Schon die Antike gab prinzipiell zwei Antworten: diejenige des Aristoteles, der die Tragödie aus dem Satyrspiel und dem dionysischen Kultlied des Dithyrambos herleitete, und eine zweite, die gewöhnlich nacharistotelisch-hellenistisch heißt, aber schon im vierten Jahrhundert in Ansätzen diskutiert wurde, wonach die Tragödie aus Riten des attischen Dionysoskultes erwachsen sei. Die Fülle der neuzeitlichen Hypothesen läßt sich grob scheiden in die ritualistischen einerseits, die im Kult des Dionysos oder der Heroen den Ausgangspunkt ansetzen, die literaturhistorischen anderseits, die vom Dithyrambos oder einer erschlossenen Nebenform, dem »Satyrdithyrambos«, ausgehen.

Angesichts der festen Bindung der Tragödie an den Dionysoskult ist eine rituelle Wurzel sicher anzunehmen. Insbesondere wird der Tragödienchor letztlich auf eine maskierte Gruppe von Kultakteuren zurückgehen, wie immer man sich dies konkret ausmalt. Die zentrale Stellung von derartigen Gruppen im Dionysoskult wird durch die Satyrn und Mänaden, die mythischen Abbilder tatsächlicher Kultbünde, erwiesen. Freilich gehört dies in die Vor- oder Frühgeschichte der Tragödie, und angesichts der realen Form der tragischen Chorlieder ist eine Verbindung mit der Praxis der dorischen Chorlyrik der Peloponnes und Großgriechenlands ebenso sicher. Vielleicht wird hier der Dithyrambos in der Form wichtig, die ihm der Dichter Arion in Korinth um etwa 600 v. Chr. gab. Herodot jedenfalls berichtet, daß Arion ›als erster der Menschen, von denen wir wissen, den Dithyrambos in Korinth dichtete, benannte und aufführte‹ (1,23). Da aber schon Archilochos von Paros ein halbes Jahrhundert früher vom Dithyrambos spricht – freilich in einer eng kultgebundenen Form – kann dies nur die dichterische Ausgestaltung meinen. Wenn Arion den Dithyrambos ›benannte‹, weist dies auf Titel hin, die er gab, und damit Inhalte, die außerhalb der engen Kultpraxis liegen und mythisch sein müssen.

Ein Blick auf die weitere, freilich arg trümmerhafte archaische Chorlyrik bestätigt dies. Von einem Dithyrambos des Ibykos (Mitte des 6. Jh.) hören wir, daß in ihm die Begegnung Helenas mit Menelaos nach der Eroberung Troias erzählt war (frg. 296 PMG). Eine Generation nach Arion enthält der Dithyrambos mithin sicher eine undionysische, heroische Mythenerzählung, die in dieser Form Thespis, dem traditionellen Schöpfer der Tragödie, in den dreißiger Jahren des Jahrhunderts vorgelegen haben kann. Im frühen fünften Jahrhundert ist dann die undionysische Mythenerzählung in den Dithyramben von Pindar und Bakchylides selbstverständlich.

Mythen erzählen auch die andern chorlyrischen Genera, seit Alkman, dem ersten bekannten Chordichter um 600 v. Chr. Der Peripatetiker Herakleides vom Pontos führt dies zu den Anfängen kitharödischer Poesie überhaupt zurück (frg. 157) – doch nennt er dann etwa auch Demodokos, der von Ares und Aphrodite und Troias Untergang, und Phemios, der von der Heimkehr der Troiakrieger gesungen habe – Sängergestalten aus der *Odyssee*, nicht der dichterischen Frühzeit. Was erzählte Inhalte anbelangt, fällt für diese Theorie die Chorlyrik mit dem Epos zusammen.

Der größte Mythenerzähler zwischen Homer und den Tragikern ist dann Stesichoros von Himera, eine Generation nach Alkman. Seinen Gedichten schreibt die Überlieferung Titel bei, wie *Geryonis, Oresteia, Die Zerstörung Troias* – sie hatten mithin ein geschlossenes mythisches Thema. Die Fragmente der *Geryonis* zeigen auch, daß der Mythos detailliert erzählt wurde, mit Vorgeschichte, Götterrat und langer Hauptszene, dem Kampf zwischen Herakles und dem dreiköpfigen Riesen Geryon, den Herakles schließlich tötet. Ähnlich ausführlich und umfangreich müssen auch die andern Gedichte gewesen sein, die praktisch völlig verloren sind; die *Oresteia* soll gar zwei Bücher umfaßt haben.

›Nach Homer und Hesiod stimmen die Späteren mit keinem anderen so sehr überein wie mit Stesichoros‹, konstatierte ein antiker Gelehrter (frg. 217 PMG). Dies gilt besonders für die Tragiker. Berühmt war Stesichoros' Behandlung des Helena-Mythos. Bei Homer war Helena selbstverständlich in Troia, und so hatte es auch Stesichoros erst dargestellt – dann widerrief er: ›Nicht wahr ist jene Rede ... nicht kamst du zur Feste Troia‹ (frg. 192 PMG), vielmehr hatten die Götter ein Trugbild geschaffen, das Paris entführte, die echte Helena wurde nach Ägypten entrückt, wo sie Menelaos auf seiner Heimreise fand (so die Umrisse der neuen Version; die genauere Form ist unklar, seit ein Papyrus von zwei Palinodien des Helena-Mythos weiß) – der ganze troianische Krieg fand um ein Phantom statt. Euripides hat dies mehrfach aufgegriffen und zum Thema seiner *Helena* gemacht. Andere Übernahmen, so erfahren wir, betreffen die Orestessage: daß Elektra ihren Bruder an einer Locke erkennt, die dieser am Grab Agamemnons hinterlegt, wird von allen drei Tragikern übernommen (erst Euripides' Elektra hat dann berechtigte Zweifel, ob dies so einfach sei). Daß Orest sich mit Apollons Bogen gegen die Rachegeister seiner Mutter wehrt, steht nach Stesichoros bei Euripides; die zentrale Neuerung, daß Apollon den Muttermord befiehlt, übernehmen wieder alle Tragiker.

Doch nicht nur stofflich, auch formal hat die archaische Chorlyrik die Tragödie beeinflußt. Oberflächlich zeigt sich dies schon an der Metrik und an der künstlichen Dorisierung attischer Tragödienlieder. Das Dorische ist der Dialekt der peloponnesischen und großgriechischen Chorlyrik, und das Dorisch der tragischen Chorlieder kontrastiert mit dem Attisch der Sprechpartien. Wie die Chorlyrik, so erzählen auch die tragischen Chorlieder gelegentlich Mythen. Öfters berichten sie die Vorgeschichte des dramatisch dargestellten Mythenausschnittes; andere chorlyrischen Mythenerzählungen deuten kontrastierend oder parallelisierend das Bühnengeschehen. Sophokles, an sich sehr zurückhaltend mit derartigen Erzählungen, begleitet im vierten Standlied der *Antigone* die Einmauerung der Heldin gleich mit drei mythischen Beispielen: ebenso eingesperrt wurde Danae, schuldlos, nur um zu verhindern, daß sie einen Sohn gebäre, der ihrem Vater gefährlich werden könnte – und wurde selbst so zur Braut des Zeus, der im Goldregen kam. Eingesperrt wurde der thrakische König Lykurgos, der den Mänaden des Dionysos nachstellte, und er wurde so zur Vernunft gebracht. Nach diesen beiden Exempla, aus denen noch Hoffnung schimmert, ist das dritte um so düsterer: eingesperrt wurde auch die Tochter des Boreas, Kleopatra, einfach weil ihre Stiefmutter sie haßte: ›auch über jene hatten die Moiren, die langlebigen, Gewalt‹ (986). Und in der *Iphigenie in Aulis* stellt Euripides im dritten Standlied der angeblichen Hochzeit, mit der Agamemnon seine Tochter nach Aulis zu ihrem Opfertod gelockt hat, die berühmteste aller mythischen Hochzeiten gegenüber, diejenige von Peleus und Thetis: zu Flöte und Kithara singen die Musen das Hochzeitslied, die Götter tanzen, und Ganymed schenkt aus goldenem Krug ein – ›dir aber werden das schönlockige Haar bekränzen die Griechen wie einem scheckigen Kalb ... einem makellosen Opfertier‹ (1080).

Auch diese Verwendung des Mythos ist in der Chorlyrik vorgegeben. Zwar gerade nicht bei Stesichoros oder Ibykos, soweit wir sehen, und nicht in den Paianen und Dithyramben von Pindar und Bakchylides, wo das Lied des Chors mit seiner Mythenerzählung um des Erzählens willen dasteht und im Rahmen des Festes zum Weihgeschenk wird, nicht anders als Bilder oder Statuen. Anders steht es mit dem ersten einigermaßen faßbaren Chorlied, Alkmans *Partheneion*, anders mit den Siegesliedern von Pindar und Bakchylides.

In den Siegesliedern, die jeweils von einem Chor im Rahmen der Feier eines Wettkampfsieges vorgetragen wurden, ist die Mythenerzählung eingebettet in das Gesamtanliegen des Lieds, den Preis des Siegers. Das kann durch einfachen Vergleich geschehen, wie in Bakchylides' Lied für den Sieg Hierons, des Tyrannen von Syrakus, mit dem Viergespann in Olympia im Jahr 468 (*epin.* 3): hier führt der Preis des freigebigen Herrschers Hieron, dessen goldene Dreifüße in Apollons Tempel in Delphi stehen, über eine daraus abgeleitete Maxime – ›den Gott, den Gott soll man reich beschenken, das ist der größte Segen‹ (*v.* 21) – hin zum Mythos von König Kroisos, seinem Unglück und seiner wunderbaren Rettung (s. Kapitel VI) – was nebenbei zeigt, daß die Chorlyrik wie die frühe Tragödie auch historische Themen aufnahm: schon Ibykos nennt ›Kyaros, der Meder Feldherr‹ (*frg.* 320 PMG). Den Kroisos retteten seine reichen Gaben an Apollon – und Hieron dankt seinen Wagensieg ebenfalls der Hilfe des Gottes, den er beschenkt hatte.

Doch wird der Mythos nicht bloß auf die aktuelle Gegenwart des Siegs bezogen, es wird auch seine allgemeinere Gültigkeit exploriert, sozusagen durch die Gestalt des Siegers hindurch, dessen Lage ein Bild für die Situation von uns ›Tageswesen‹ überhaupt wird. Bakchylides hatte Kroisos' Niederlage als ›Zeus' vorbestimmten Entschluß‹ bezeichnet (*v.* 26), zugleich aber vom ›unerwarteten Tag‹ für Kroisos gesprochen (*v.* 29), ohne ihn von Verantwortung für die Niederlage zu befreien – diese doppelte Motivation eines Ereignisses auf göttlicher und menschlicher Ebene so, daß die göttliche Vorbestimmung den Menschen von seiner Verantwortung nicht freisetzt, ist bezeichnend für griechisch-archaisches Denken. Die Folgerung aus dem Mythos deutet der Dichter wenigstens an: ›hochfliegende Erwartung trübt das Denken von uns Tageswesen‹ (*v.* 75) – die richtige Erwartung wird Apollon in den Mund gelegt, in einem Rat an Admet von Pherai: doppelt denken soll man, so, wie wenn morgen der letzte Tag wäre, und so, wie wenn das Glück noch fünfzig Jahre dauerte. Möglichen Schatten auf Hieron biegt der Schluß ab: ›Frommes tuend, erfreue deinen Sinn, denn dies ist das höchste an Gewinn‹ (*v.* 83): Kroisos, momentan als Gegenbild bezeichnet, wird wieder zum Vorbild.

Weiter führt ein Siegeslied Pindars, geschrieben für denselben Hieron aus Anlaß eines olympischen Siegs mit dem Rennpferd im Jahre 476 (*Olympie* 1).

Das Lied setzt ein mit dem Preis des olympischen Siegs, des höchsten unter allen, des Siegers Hieron, und des erfolgreichen Pferdes: Hierons Ruhm strahlt auf der ganzen Peloponnes, der Insel des Pelops; das leitet über zum Mythos von Pelops (25–96). Poseidon liebte den jungen Pelops, den Sohn des Tantalos, und als sein Vater die Götter bewirtete, nahm der Gott den Jungen mit sich in den Olymp, ›wohin in späteren Zeiten auch Ganymedes kam, für Zeus zum selben Zweck‹ (44). Den Tantalos ehrten die Götter wie keinen andern Sterblichen, doch ›er vermochte nicht zu schlucken großen Segen‹ (55), und raubte Nektar und Ambrosia. Zur Strafe hängte Zeus über ihm einen gewaltigen Felsblock auf. Pelops aber wurde auf die Erde zurückgebracht, und er wollte Ruhm gewinnen. Oinomaos, der König von Elis (wo auch Olympia liegt), hatte denen, die um Tochter und Thron freiten, ein Wagenrennen angesetzt: er pflegte den Freiern Vorsprung zu geben und sie dann von hinten zu erschießen. Pelops will erfolgreich sein, und er fleht zu Poseidon um Hilfe: ›nahe zum grauen Meer sich stellend, allein in der Dämmerung, schrie er laut nach dem tiefdonnernden Gott mit dem Dreizack: der zeigte sich alsbald ihm nahe zu Füßen‹ (71). Pelops siegt, heiratet die Prinzessin Hippodameia und zeugt sechs Söhne; er selbst wird noch heute an seinem Grab in Olympia geehrt. ›Wer siegt, hat für das übrige Leben honigsüßes gutes Dasein des Wettkampfs wegen‹ (98). Damit hat die Erzählung unmerklich zurückgeführt zum Punkt, wo Pelops und Hieron in eins kommen: das ruhmreiche Grab des Pelops bei der Rennbahn von Olympia, das von fern sichtbar ist (93), entspricht dem Ruhm des Hieron, der weithin leuchtet auf der Insel des Pelops (33); dem glückseligen Hieron entspricht Pelops, der Liebling Poseidons, dessen Handeln menschlichem Handeln Vorbild sein soll. Voll Vertrauen auf die eigene Kraft (›die große Gefahr wird nicht auf einen kraftlosen Mann treffen‹ 81), ruft er doch den Gott zu Hilfe. Wie göttliche Vorsehung menschliche Verantwortung in der Katastrophe nicht annulliert, gewährleistet menschliche Kraft allein noch nicht den Erfolg.

Pindar scheint sich hier, weit ausschließlicher als Bakchylides, allein auf den Sieger zu konzentrieren. Über die Siegessituation hinaus weist nun aber der Mythos im Mythos: der Götterliebling Tantalos ist das negative Gegenbild zum verständigen Pelops, der Glückliche, den sein Glück verblendet (ein zentrales Thema archaischer Dichtung). Gerade hier schließt Pindar die Moral an: ›wenn ein Mann erwartet, ungesehen vor den Göttern etwas zu tun, so irrt er‹ (64). Das Gegenbild zu Pelops –

und damit zu Hieron, dem Sieger – wird zum Mahnbild für alle.

Eine ähnliche exemplarische Funktion hatte die Mythenerzählung schon im *Partheneion* des Alkman, das von einem Mädchenchor an einem Götterfest, vielleicht der Artemis, vorgetragen wurde. In Resten erkennbar sind zwei Mythen: erst der eines spartanischen Heros, den Herakles erschlägt, dann einer von der Bestrafung von Missetätern im Jenseits. Eine Sentenz schließt ab: ›Es gibt eine Rache der Götter‹; die beiden Mythen sind auch unter sich durch eine kurze moralisierende Partie getrennt. Deutlich wird, daß schon hier die ins Lied eingebauten Mythen ohne Beziehung sind zum Götterfest und wegen ihrer exemplarischen Gültigkeit für ein Hier und Jetzt erzählt werden.

Wird die Mythenerzählung bezogen auf eine konkrete Situation, ist eine Verformung der Erzählung dadurch nicht auszuschließen. Stesichoros wird den Helenamythos für ein spartanisches Publikum neu erzählt haben, wo ihre Rehabilitation dem Nationalstolz entsprach – schließlich war sie eine spartanische Göttin. Noch illustrativer ist Pindars Erzählung des Pelopsmythos, die sich ausdrücklich gegen eine gängigere Form wendet: hier hatte Tantalos den Göttern seinen Sohn zerstückelt und gekocht vorgesetzt, um ihre Allwissenheit auf die Probe zu stellen, und nur Demeter, in Trauer um ihre geraubte Tochter versunken, hatte ein Stück Schulter gegessen; als die Götter später Pelops wiederbeleben, wird das fehlende Stück durch Elfenbein ersetzt. Der Mythos, in dieser Form mehrfach bezeugt, enthält altertümlich-ritualistische Züge in seinem Thema von Zerreißung und Wiederbelebung und der besonderen Behandlung des Schulterblattes, die Entsprechungen im Opferritual hat. Doch diese Geschichte, sagt Pindar, seiböswilliges Gerede neidischer Nachbarn, als der geraubte Pelops trotz langer Suche nicht mehr gefunden wurde; und was die gegessene Schulter betrifft: ›für mich ist es unmöglich, gefräßig der

Götter einen zu nennen: davon steh ich ab‹ (52); überhaupt ›täuschen die Erzählungen, der Menschen Rede über das wahre Wort hinaus mit bunten Lügen ausschmückend‹ (28). Man hat dies als Religionskritik des frommen Pindar angesehen – wichtiger ist, daß ein Pelops, der gekocht, teilweise gegessen und später wieder restauriert wird, ein seltsames Vorbild für Hieron abgäbe. Was Pindar mit seiner Änderung will, verdeutlicht er noch mit dem Hinweis auf das ähnliche Glück des Ganymedes (44). Stillschweigend hat Pindar noch mehr unterdrückt: den Oinomaos besiegte Pelops, indem er dessen Wagenlenker Myrtilos durch Bestechung dazu brachte, den Wagen zu sabotieren. Oinomaos stürzte bei der Fahrt zu Tode; den Myrtilos aber brachte Pelops später um, sein Fluch wurde Ausgang des Atridenfluchs. Verständlich, daß Pindar all dies nicht brauchen konnte.

In der dichterischen Form der Chorlieder, im Stoff und in der Funktion der Mythenerzählung geht so die Tragödie deutlich mit der archaischen Chorlyrik zusammen. Damit bestimmt nun aber nicht mehr ein durch rein mündliche Tradition immer wieder erzählerisch geformter Mythos die tragische Mythenerzählung, sondern bestimmte dichterische Ausformungen archaischer Zeit. Die Tragiker haben sie gewiß zum ganz großen Teil durch geschriebene Texte, nicht durch persönliche Anwesenheit an einer chorlyrischen Darbietung kennengelernt. Wenn aber die schriftlich fixierte Mythenerzählung zentraler Beziehungspunkt wird, beginnt der Mythos, in einmal gefundenen Formen zu erstarren, büßt er seine schier unbeschränkte Anpassungsfähigkeit ein. Das paßt in die geistige Entwicklung der Zeit: am Anfang des tragischen Jahrhunderts stehen die ersten Belege für eine allgemeine Schulbildung, die ersten Vasenbilder von Bücherlesern, an seinem Ende der erste Hinweis auf Buchhandel – Hand in Hand damit geht, daß die Tradition ihren normativen Charakter einbüßt, daß der Einzelne auf seine eigene Urteilsfähigkeit vertraut (s. Kapitel VIII). Gewiß werden

Abb. 8. Iphigenie im Land der Taurer übergibt vor dem Tempel der Artemis (oben rechts die Göttin) Pylades den Brief an Orest; links Orest, darüber ein Satyr, rechts eine Opferdienerin. Apulischer Kelchkrater, ca. 350/40 v. Chr., illustriert Euripides, Iphigenie im Taurerland *728ff.*

Mythen auch einfach weitererzählt – Euripides weiß von den Mythenerzählungen der Mädchen am Webstuhl, Platon von denen der Ammen und Großmütter –, aber dort, wo dichterische Gestaltungen vorliegen, greifen die Tragiker darauf zurück, und die literarischen Gestaltungen werden ihrerseits die Form der mündlichen Erzählung immer stärker beeinflußt haben. So stellen die Vasenmaler im Lauf des fünften Jahrhunderts immer mehr Mythen in der Version dar, die sie und ihr Publikum auf der Bühne als eindrücklichste Gestaltung erlebt haben.

Der chorlyrischen wie der epischen Mythenerzählung gegenüber bringt aber die Dramatisierung des mythischen Geschehens durch Schauspieler auf der Bühne grundsätzlich Neues. Zum einen werden Götter und Heroen nun auf die Dimension des Menschen, der sie darstellt, reduziert – allein die Maske bleibt, um übermenschlichen Status auszudrücken. Die Vermenschlichung der mythischen Welt, die schon bei Homer unmittelbar deutlich wird, ist jetzt zu radikaler Konsequenz geführt – zumindest für die Heroen. Götter trennt die Bühnenkonvention von den Heroen dadurch, daß sie wenigstens die Flugmaschine benutzen dürfen und so scheinbar von menschlicher Schwerkraft befreit werden. Götter treten auch relativ selten auf, und noch seltener werden sie als tragende Darsteller ein ganzes Stück lang in die Handlung einbezogen, wie Apollon und Athena in den *Eumeniden* des Aischylos oder Dionysos in den *Bakchen* des Euripides. Gelegentlich greifen sie kurz ein, sprechen einen Prolog oder lösen als »Gott aus der Maschine«, *deus ex machina*, eine Handlung, die sich verrannt hat. Bezeichnend ist, daß gerade beim ›frommen‹ Sophokles, der die Distanz zwischen Gott und Mensch betont, nur gerade in zwei Stücken Götter auftreten – Athena im Prolog des *Aias*, der ›Gott-Heros‹ Herakles am Ende des *Philoktet*; am häufigsten sind sie bei Euripides, wo die Natur des Göttlichen auch am meisten zur Debatte steht.

Zentraler noch ist, daß nun der Mythos aus der Vergangenheit der Erzählung in die Gegenwart der Inszenierung versetzt wird. In jener Vergangenheit hatten Götter und Heroen unmittelbaren Kontakt, bewirteten einander, zeugten Kinder miteinander, Götter halfen den Heroen oder zerstörten sie. Die sinnliche Vergegenwärtigung auf der Bühne macht fast notgedrungen daraus nun Dramen, in denen das Verhältnis von Gott und Mensch, das Wirken der Götter in unserer Welt zum wichtigsten Thema wird – eben weil aus den Heroen Menschen geworden sind. Tatsächlich ist dies bei allen drei Tragikern ein Kernproblem. Auch wenn, wie bei Sophokles, die Götterwelt praktisch nicht auf der Bühne erscheint, sind die Götter wirkend im Hintergrund der Handlung immer da, erst bei Euripides scheint die Menschenwelt gelegentlich, wie in der *Medea*, ohne jede Götter auskommen zu können.

Daß die Tragödie praktisch immer Mythen darstellt, ist also nicht einfach Erbe der Chorlyrik. Das Grundanliegen der Tragödie, die *condition humaine* zu erforschen, geschieht am besten durch Rückgriff auf die traditionellen

Erzählungen des Mythos. Neu ist, daß diese Mythen nicht mehr wie eine lebende, rein mündliche Tradition so geformt werden, daß sie nahtlos an die neuen sozialen und geistigen Bedingungen Athens im fünften Jahrhundert sich fügen: so entstünde nicht Tragödie, sondern Maskenspiel. Der Mythos verlor im Lauf der archaischen Zeit einen Teil seiner Flexibilität. Symptomatisch ist, wie selbst Pindar lange begründet, bevor er den Pelopsmythos neu erzählt, wie die Legende Stesichoros' Palinodie motiviert (Helena habe den Dichter geblendet, und erst seine Neuerzählung des Mythos habe ihn geheilt). Die Tragiker der demokratischen und immer aufgeklärteren Polis ändern erst recht nicht mehr beliebig, tragen vielmehr ihre geistigen, insbesondere ethischen Werte an die überkommene Mythenerzählung heran. Bezeichnend ist die Bedeutung, die nun das Konzept der Gerechtigkeit bekommt. Gerechtigkeit, ein Grundanliegen jeder Demokratie, ist in Athen von Solon bis Platon immer wieder diskutiert worden. Bei Homer besteht kein Zweifel, daß Orestes richtig handelt, wenn er seine Mutter als Rache für ihren Gattenmord tötet, und noch Pindar stellt den Sieg des Pelops über Oinomaos als Ruhmestat hin (mit Änderung der Tradition freilich). Die Tragiker kämpfen immer wieder mit der Frage, wie solche Taten zu verantworten sind.

Bei diesem Interesse kann nicht jeder Mythos tragisch dargestellt werden. Die Bedeutung von Troia-, Argos- und Thebenmythologie erklärt sich nur teilweise mit dem Prestige Homers. Diese Mythen kreisen um Konfliktbereiche, die auch die Tragödie immer wieder aufgreift, Krieg und Familie. Für Homer war der Krieg die fraglos richtige Bewährung des Heroen (auch wenn er durchaus ein Auge für die Opfer hat). Die Tragödie fragt immer neu, ob der troianische Krieg gerecht war; der sophokleische Aias ist ein Krieger, dessen Heldentum in Wahnsinn und Selbstzerstörung umschlägt, und Euripides ist vor allem an den Opfern des Kriegs interessiert. Noch problematischer ist der andere große epische Krieg, derjenige der Sieben gegen Theben. Hier verteidigt der eine Bruder, Eteokles, seine Heimatstadt gegen den andern, Polyneikes, und beide fallen. Aischylos in den *Sieben gegen Theben* macht daraus einen Konflikt, in dem Eteokles sich zwischen Preisgabe der ihm anvertrauten Stadt und Kampf gegen den Bruder entscheiden muß und sich für die Polis entscheidet; Euripides in den *Phönizierinnen* macht ihn zum machthungrigen Politiker, der auch vor Brudermord nicht zurückschreckt.

Der Brudermord weist auf den anderen Konfliktbereich, die Familie. Agamemnon tötet seine Tochter, Klytaimnestra ihren Mann, Orest seine Mutter; Oidipus mordet den Vater, heiratet die Mutter; Herakles bricht seine Ehe wegen der jungen Iole, die Ehefrau will ihn mit einem Liebesmedikament zurückholen, das ihn umbringt; Iason verläßt Medea einer opportuneren Ehe wegen, die Verlassene mordet Söhne und Rivalin; Kreusa wird von Apollon vergewaltigt, setzt ihr Kind aus, und Apollons Versuch, seinem Sohn respektierliche Eltern zu geben, endet fast darin, daß die Mutter Sohn und Ehemann vergiftet; Phaidra verliebt sich in ihren Stiefsohn, der weist sie ab, und sie begeht Selbstmord, den sie mit den Avancen des Stiefsohns begründet, den sein Vater prompt in den Tod jagt ... Die Liste ließe sich verlängern. Die Dominanz dieser Themen hat man damit erklärt, daß die Tragiker die ethischen Normen der Polis zur Darstellung bringen wollten, indem sie ihre Überschreitung auf die Bühne stellten. Man hat auf tatsächliche derartige Vorkommnisse in athenischen Familien der Zeit verwiesen, die uns durch Gerichtsreden bezeugt sind, und damit das Interesse der Zuhörer erklärt: beides ist richtig, doch ebenso wichtig ist, daß die Vergehen nicht oder nicht nur mit menschlicher Unzulänglichkeit und Verworfenheit motiviert werden, sondern auf das Wirken der Götter weisen. Nirgends ist das menschliche Leid näher erfahrbar und zugleich erklärungsbedürftiger als innerhalb der Familie, sobald diese Familie so, wie es in Athen der Fall war, zur zentralen sozialen Beziehungsgruppe geworden ist.

Stellvertretend für viele soll die tragische Mythenerzählung aber doch auch an dem gewaltigsten Werk der attischen Bühne vorgeführt werden, an Aischylos' *Orestie*, der Trilogie vom Jahre 458. Die Erzählung, wie den von Troia heimkehrenden Agamemnon seine Frau Klytaimnestra und ihr Liebhaber Aigisth erschlugen, wie Orest dann seinen Vater rächte, benutzt schon die *Odyssee* mehrfach als Folie für die Geschichte von Odysseus, Penelope und Telemach. Schon die hesiodeischen Kataloge hatten dann Klytaimnestra zur Hauptverantwortlichen gemacht (*frg.* 23). Stesichoros übernimmt dies in die *Oresteia*, führt Apollon als Anstifter zum Muttermord ein und malt die Folgen aus: Orest wird von den Erinnyen Klytaimnestras verfolgt, von Apollon geschützt (*frg.* 217. 219 PMG). Daran knüpft Aischylos an.

Das erste Stück, *Agamemnon*, zeichnet den Mord Klytaimnestras an ihrem heimkehrenden Mann. Protagonist ist, trotz des Titels, die mörderische Frau. Den Ton drohenden Unheils setzt bereits der Prolog: ein Wächter auf dem Dach der Atridenburg hält Ausschau nach dem Flammenzeichen, das die Zerstörung Troias ankünden soll. Schon sein erster Vers ist düster – ›Götter, macht ein Ende dieser Qual‹ (auch wenn er bloß das nächtelange Wachen meint). Wie er auf Klytaimnestra zu sprechen kommt, ›diese Frau, die Männliches denkt‹ (10), ahnt man Ungutes: das Paradox der Frau mit Männerwillen signalisiert dem athenischen Männerpublikum bereits, wie verkehrt es steht im Haus.

Der Chor argivischer Greise, zu Hause gelassen, als die Jüngeren nach Troia zogen, berichtet die Vorgeschichte: ein gerechter Krieg sei der gegen Troia, heißt es zu Beginn, und stehe unter dem Schutz des Zeus; ein erstes Bild vergleicht gar Agamemnon und Menelaos mit einem Geierpaar, das klagend über seiner zerstörten Brut kreist, ›und von den Höchsten hört einer, sei es Apollon, Pan oder Zeus, den Klageschrei, den durchdringenden, der Vögel, und sendet den Frevlern die strafende Erinys‹: das Thema von Vergehen und Strafe wird die Trilogie dominieren. Später wird Klytaimnestra qualifizieren: nur wenn die Rächer nicht zerstörten, was sie nicht durften, wenn sie Tempel und Götterbilder schonten, kommen sie auch unter dem

Schutz der Götter heim (338). Und wenn dann der Bote aus Troia berichtet, wie ›Tempel und Altäre unsichtbar und der Same des gesamten Landes vernichtet ist‹ (525), ist aus dem gerechten Krieg längst neues Unrecht geworden, droht entsprechend neues Unheil. Und bereits das zweite Vogelbild des Eingangsliedes ist nicht mehr hell und klar: zwei Adler seien dem Heer vor der Abfahrt erschienen, die eine Häsin samt ungeborenen Jungen zerrissen. Kalchas, der Seher, deutet auf die beiden Atriden und die Eroberung Troias; daß die unnötige Grausamkeit verderblich sein wird, sagt er nicht deutlich, aber ›Artemis haßt das Mahl der Adler‹ (138), hält die Winde für die Abfahrt zurück und fordert das Opfer Iphigenies, anscheinend grundlos; und wie dieser Tod, ist dann auch der Mord am König, von Klytaimnestra mehrfach als Rache für Iphigenie bezeichnet, gottgegeben. Der Chor fällt dann auch in ein großartiges Gebet an den allmächtigen ›Zeus, wer immer er ist‹ (160). Agamemnon steht jetzt vor einer schlimmen Entscheidung: soll er sich an seinem Kind vergehen oder an der Waffengemeinschaft (συμμαχία: kein leicht zu brechender Bund)? Er entscheidet sich gegen die Tochter – und wie der Chor das Mädchenopfer beschreibt, zeigt schon das Verkehrte: der Vater als Opferer, ohne Gehör für die Bitten und Schreie des Mädchens, das gefesselt und geknebelt zum Altar geschleppt wird. Ein Opfer, das sich derart wehrt, bringt keinen Segen, wie jeder Grieche wußte – wenn der unmittelbare Erfolg sich doch einstellt, ist die Katastrophe nur aufgeschoben. Nach dem Chorlied, bei dem Klytaimnestra opfernd anwesend ist (Opfermetaphorik taucht dann auch kurz vor dem Mord an Agamemnon auf), berichtet die Königin von Troias Fall, erklärt detailliert das Signalsystem – diese Einzelheit, vermutlich Aischylos' Erfindung, zeigt wieder ihren ›Männliches denkenden Sinn‹. Der Fall von Troia und Paris' Tod gibt dem Chor weitere Bestätigung für das Wirken göttlicher Gerechtigkeit. Die Erinnerung an den Krieg leitet zurück zum Leid in Argos, dessen Männer seit zehn Jahren abwesend sind und für die Frau eines Fremden fallen: ›schwer wiegt das Reden der Bürger im Groll‹ (456). Schon das umdüstert Agamemnons Heimkehr, noch dunkler wird die Folge: ›allzu hoch gelobt zu werden ist Last . . . ich möchte nicht Städtezerstörer sein‹ (468).

Ein Herold Agamemnons kommt an, verkündet Sieg und Ankunft des Königs. Er preist den Sieger – schon dies tönt nach dem Chorlied nicht unbedenklich, wie erst recht der Bericht über die Zerstörung Troias Angst machen muß. Der Zorn der Götter hatte denn auch einen Sturm heraufbeschworen, der die Flotte auf der Heimfahrt dezimierte. Nur Agamemnons Schiff hat ›ein Gott gerettet‹ (663) – wieder ist die Katastrophe nur aufgeschoben.

Das nächste Chorlied geht von Helena aus: sie wird mit einem Löwenjungen verglichen, das im Haus aufgezogen wird, erwachsen aber dann die Schafe des Ziehvaters reißt. Die Folge weist über Troia hinaus: Hochmut und Frevel zeugen immer nur Frevel – auch wenn großes Glück nicht immer zu Vergehen führen muß, wohnt Recht doch eher in der Hütte des Armen. Das Gleichnis vom Löwenjungen – ›von Blut das Haus verspritzt, unbekämpfbarer Schmerz den Bewohnern‹ (732) – hat prophetischen Beiklang.

Agamemnon kommt an, und mit ihm Kassandra, Priamos wahrsagende Tochter, die sich der König aus der Beute hat geben lassen. Der Chor, dann Klytaimnestra begrüßen ihn; sie läßt purpurne Decken ausbreiten, auf denen Agamemnon ins Haus gehen soll. Er weigert sich; solcher Prunk sei weibisch und barbarisch, zieme sich nur im Götterkult. Klytaimnestra bringt ihn rasch dazu, seine Meinung zu ändern; immerhin zieht er sich die Schuhe aus und geht barfuß ins Haus. Klytaimnestra betet derweilen: ›Zeus, Zeus Erfüller, mein Gebet erfülle‹ (973). Griechische Frauen beten sonst zu Hera, der Erfüllerin der Ehe.

Der Einzug über purpurne Decken ist sicher Aischylos' Erfindung. So prächtig bühnenwirksam er ist, so deutlich demonstriert er Agamemnons Fall. Sein Gefühl, sich zu weigern, war richtig: solche Ehren sind nur für Götter, und Agamemnon begeht Hybris, wenn er einzieht, mit Folgen, die der Chor längst vorausgesehen hat. Zugleich sieht man wieder das Mannweib Klytaimnestra am Werk: sie fordert Agamemnon heraus – ›für Frauen schickt sich nicht, zu kämpfen‹ (940), wehrt Agamemnon sich; mehr als konventionelle Weisheit kann er ihr aber nicht entgegenhalten, statt dessen wird er selber ›weibisch‹, wird zum Barbar, Opfer der Griechen. Wenn er sich die Schuhe auszieht, verläßt er völlig menschlichen Alltag: barfuß tritt man vor den Gott. So fällt der König – kein Wunder, daß der Chor sein nächstes Lied mit dem Ausdruck unerklärlicher Angst beginnt.

Klytaimnestra will auch Kassandra ins Haus holen – diese aber bleibt stumm, bis die Königin aufgibt und ins Haus geht. Dann beginnt sie in prophetischer Ekstase zu singen – ruft erst Apollon, der sie verdarb (ἀπώλεσας), verkündet dann dem Chor die vergangenen Bluttaten des Atridenhauses, schließlich die kommenden. Der Chor, der die vergangene Geschichte erkennt, bleibt perplex der zukünftigen gegenüber; Kassandra, beruhigt, erklärt den Grund ihrer Sehergabe und den Fluch Apollons, daß niemand ihr glauben werde. Tatsächlich glaubt auch der Chor ihren wiederholten und immer klareren Voraussagen von Agamemnons Mord nicht; schließlich geht sie, des Todes sicher, ins Haus. Wie der Chor darüber zu sinnen beginnt, ob Agamemnon nun wirklich die Frevel der Atriden büßen müsse, tönt schon sein Schrei aus dem Haus; der Chor beginnt eine Diskussion darüber, was zu tun sei.

Klytaimnestra löst seine Verlegenheit: sie erscheint mit den Leichen Agamemnons und Kassandras, prahlt in mörderischer Ekstase mit ihrer Tat, die sie Schritt für Schritt schildert.

Im Wechselgesang mit dem Chor verfliegt ihr Rausch langsam, sie sucht Erklärungen und Motive, stimmt schließlich dem Chor in seiner Deutung zu (1564):

Leiden muß der Täter, das ist gesetzt;
wer vermöchte, den Samen des Fluchs aus dem Haus zu werfen?

Den Wandel Klytaimnestras zeigt die Gegenüberstellung mit Aigisth, der jetzt erscheint, jubelnd über den Mord an Agamemnon, der Atreus' Unrecht an Thyest, Aigisths Vater, rächte – wo er doch selber nur nebenbei am Mord beteiligt war. Der Chor weist ihn zurecht (daß die Greise es wagen, sagt schon viel), Aigisth läßt sich das nicht gefallen und zieht sein Schwert, Klytaimnestra versucht die Versöhnung (›wir wollen nicht mehr Blut vergießen‹ 1655). Mit der Drohung des Chors, Orest werde sich rächen (das weist voraus auf die *Choephoren*), schließt das Stück.

Der Überblick, so verkürzt er ist, zeigt das Neue. Die Tragödie kann als Drama nicht mehr beliebige Zeitabläufe darstellen, muß den kritischen, fruchtbaren Augenblick herausgreifen; die Vorgeschichte bringen Prolog und Chorlieder ein. Die Tragödie muß bühnenwirksam gestalten, und verschiedene Einfälle lebten denn auch in Athen weiter – wie Aischylos in der Anfangsszene der *Niobe* seine Heldin starr vor Schmerz und verhüllt wortlos auf der Bühne sitzen läßt, wie Euripides den König Telephos statt im Prachtgewand in realistischen Lumpen auftreten ließ. Diese Einfälle tragen auch visuell zur Deutung des Geschehens bei: Agamemnon hat mit seinem ersten Schritt auf die Decken menschliche Normalität verlassen; die Feuerstaffette der Eingangsszene schlägt von Anfang an eine Brücke nach Troia und zu Agamemnon, wie sie zur Charakterisierung Klytaimnestras beiträgt. Die Königstochter Elektra tritt zu Beginn des gleichnamigen euripideischen Stücks wie eine Sklavin auf, in grobem Gewand, den Wasserkrug auf dem geschorenen Kopf. Diese plakative und unnötige (wie gleich klar wird) Selbsterniedrigung demonstriert die Tiefe des Hasses, der sie fraglos zum Mord an Aigisth und Klytaimnestra führen wird.

Vor allem aber wird das Informationsdefizit der Akteure den Zuschauern gegenüber konstant zur Deutung des Geschehens herangezogen. Der Troiafeldzug als gerechte Rache, wie der Chor meint, wird Stück um Stück fragwürdiger, erst durch Klytaimnestras, dann durch die Rede des Herolds; ob Gerechtigkeit überhaupt in derartigem menschlichem Vorgehen möglich sei, steht unausgesprochen dahinter. Auch die Haupthandlung gibt sich als gerecht – Klytaimnestra rächt den Mord an Iphigenie, Aigisth das Unrecht an Thyestes; im folgenden Stück, den *Choephoren*, werden Orest und Elektra den Muttermord durchgehend als gerecht hinstellen, was dann die Erinnyen nicht hindert, Orest zu verfolgen; nicht nur Aigisths Rechtfertigung tönt hohl, auch Klytaimnestra steht von Anfang an im Zwielicht. Agamemnon freilich ist nicht einfach ein Opfer, wie die Vorgeschichte zeigt. Zwar zürnt Artemis grundlos (in andern Versionen heißt es, Agamemnon habe auf der Jagd ihre heilige Hirschkuh getötet), doch irrt Agamemnon, wenn er sich gegen Iphigenie entscheidet – nicht aus fehlender Moral und kriminellem Ehrgeiz, sondern weil er die Alternativen falsch abwägt.

Freilich hat ihn der grundlose Zorn der Artemis überhaupt erst in seine Lage gebracht: so autonom menschliches Handeln uns vorkommt, mit den Göttern ist immer zu rechnen. So sieht denn der Chor immer auch Zeus am Werk: seine Gerechtigkeit beim Fall Troias, seine Vorbestimmung in Agamemnons Entscheidung. Kassandra verweist dann auf den Fluch der Atriden, Klytaimnestra zieht sich nach dem Mord auf ihn zurück – doch auch dies ist kein abstrakter Mechanismus, auch hier sind Götter am Werk, ein δαίμων oder ἀλάστωρ. Doch bringt Aischylos diese Erklärung sehr spät: wir sollen erst einmal das menschliche Tun in seiner Eigenbewegung sehen.

Weit wichtiger wird das Verhältnis von menschlichem Handeln und göttlicher Bestimmung in den beiden folgenden Stücken der Trilogie.

Die *Choephoren* stellen den nächsten Schritt der Rache dar: Orest, als Kleinkind außer Landes gerettet, kehrt heim, trifft am Grab Agamemnons auf seine Schwester Elektra, wie sie gerade Grabspenden, χοαί bringt, zusammen mit ihrem Gefolge (von daher der Titel ›Die Grabspenderinnen‹). Der Sohn nimmt jetzt Rache für den Mord am Vater, tötet Aigisth und Klytaimnestra. Was das ganze Stück hindurch als gerechte Vergeltung angesehen worden war – und es insofern ist, als der Sohn am Mörder seines Vaters Blutrache nehmen muß – wird am Ende zwielichtig, wieder Folge des Familienfluchs: die Rachegeister Klytaimnestras schlagen Orest mit Wahnsinn und verfolgen ihn – die geforderte Blutrache war zugleich Muttermord. Noch ärger als bei Agamemnons Troiazug verstrickt sich gerechte Rache heillos in Ungerechtigkeit. Und wieder hat ein unerklärter und unerklärlicher Götterwille den Menschen soweit gebracht. Apollon stellte Orest vor die Wahl, die immer übel ist: entweder rächt er den Vater und begeht dabei Muttermord, oder der delphische Gott wird ihm schreckliche Strafe senden. Daß ihn dann trotzdem die furchtbare Strafe der Erinnyen trifft, ist skandalöser als bei Agamemnon. Artemis, Göttin der unheimlichen Welt außerhalb der menschlichen Kultur, ist unberechenbar und wild, Apollon aber, der Gott des delphischen Orakels, sollte gerecht handeln können.

Schon in den *Choephoren* zeichnet sich ein Konflikt zwischen Apollon und den Rächerinnen Klytaimnestras ab; ausgetragen wird er in den *Eumeniden*, dem dritten Stück der Trilogie. Es ist ein Konflikt auf der Ebene der Götter, für Menschen scheint er unlösbar geworden. Freilich steht auch hier Anspruch gegen Anspruch: Apollon gab Orest den Befehl und bekennt sich schuldig, wenn Orest unrichtig gehandelt habe, doch die Erinnyen haben seit Urzeiten das Recht, Muttermörder (oder Mörder überhaupt) zu verfolgen. Apollon vergreife sich an ihren Rechten, sagen sie, und der Konflikt wird zu einem zweier Göttergenerationen: ›als junger Gott reitest du uralte Götter über den Haufen!‹ (150). Es zeigt sich bald, daß auch die Götter ihn nicht lösen können – auch Athena nicht, die als Schiedsrichterin angerufen wird. Sie setzt ein Gericht aus athenischen Bürgern ein, den Areopag. Mit Stimmengleichheit wird Orest freigesprochen; Athena aber muß nun mit unendlicher Geduld und Überredungskunst die rasenden Erinnyen dazu bringen, Athen nicht zu zürnen, sondern sich als Segensgöttinnen, Εὐμενίδαι (»Wohlgesinnte«) in der Stadt niederzulassen.

Vordergründig stellen die *Eumeniden* so zwei aitiologische Mythen dar, den Gründungsmythos des Gerichts am Areopag und denjenigen des athenischen Eumenidenkultes. Ein drittes Aition kommt dazu: Orest, freigespro-

Abb. 9. Orest wird in Delphi von Apollon vom Mord gereinigt; links drei Erinnyen und der Geist Klytaimnestras, rechts Artemis; nach Aischylos, Eumeniden *283. Apulischer Glockenkrater, ca. 370–350 v. Chr.*

chen, geht mit dem Dank an Athen ab und dem Schwur ewiger Freundschaft (συμμαχία) zwischen Athen und Argos, über die er als Heros von seinem Grab aus wachen werde (762). Der Konflikt, der die Verantwortung von Einzelnen betroffen hatte, durch den bösen Geist der Atriden vorwärts getrieben worden war, löst sich nun in einer Ordnung, welche die gesamte athenische Gesellschaft angeht: die Eumeniden bringen Athen Segen und Gedeihen, der Bund mit Argos ›ehrt diese Stadt der Pallas‹ (772), das Gericht am Areopag, dekretiert Athena, soll ›Schutzwall des Landes und der Stadt Bewahrer‹ (701) sein. Das Recht, bisher allein durch die Vergeltung der Betroffenen gewahrt, die doch immer wieder so gräßlich zu Unrecht wurde, wird jetzt gesichert durch ›fromme Scheu und Angst zugleich‹ (690) vor den Sanktionen des Gerichts.

Die Trilogie endet mithin politisch-aktuell. Der Bund mit Argos spiegelt die momentane Richtung athenischer Außenpolitik in der Rivalität mit der andern Macht Griechenlands, Sparta. Das Lob des Areopags, seine Stiftung durch Athena greift in die Diskussion um eine Reform des Gerichts ein, mit der im Jahre 462 seine Gerichtsbarkeit sehr eingeschränkt worden war. Man darf diese politisch-aktuellen Anliegen nicht einfach beiseiteschieben vor dem ethischen Problem, das die drei Stücke durchzieht und besonders im *Agamemnon* im Vordergrund steht – etwa so, daß ›*Agamemnon* und *Choephoren* für die Menschheit, die *Eumeniden* für Athen von 458‹ verfaßt worden seien (W. Schmid). Die Ebenen lassen sich so nicht trennen. Aischylos gestaltete den Konflikt zwischen Apollon und den Eumeniden, der über Orests Rache entsteht, ganz betont als eine Art theogonischen Geschehens, in das zwei Göttergenerationen verstrickt sind – das uralte Geschlecht der Erinnyen, ›greise altertümliche Mädchen‹, Kinder der Urpotenz Nacht, und die jungen Götter Apollon und Athena – und in dem die alten Götter ihre τιμή, ihren Machtbereich zu verlieren glauben – nicht viel anders als Zeus' Konflikt mit den Titanen (aus dem der *Gefesselte Prometheus* eine Etappe darstellt); wie jener Konflikt bei Hesiod mit einer neuen Verteilung der τιμαί endet (*Theog.* 885), so dieser bei Aischylos – nur, daß sich nicht mehr Gewalt durchsetzt und die Kette der Gewalttaten seit Pelops Mord an Myrtilos nicht einfach auf göttlicher Ebene um ein Glied verlängert wird: eine Abstimmung unter athenischen Bürgern beendet den Konflikt und die erfolgreiche Überredungskunst (πειθώ) der Athena. Abstimmung und Überredung aber sind die Mittel der demokratischen Polis; ihre Ordnung tritt an die Stelle der alten, heillosen – und nicht Götter oder Heroen, sondern athenische Bürger sind nun Richter. Athen, die ideale Polis, ersetzt die heroische Welt, der nicht anders mehr zu helfen ist.

Das heißt nun aber deutlich: der Bürger, Polis-mensch (πολίτης) Aischylos hat Abstand vom alten epischen Mythos genommen, hat ihn an den Maßstäben der demokratischen Polis gemessen und korrigiert. Man diskutiert, wieviel an der Aitiologie der *Eumeniden* Aischylos' Erfindung ist. Doch selbst, wenn der Areopag schon vor ihm mit Orest und den Eumeniden verbunden war, so ist jedenfalls die Interpretation des Mythos als Konfrontation der alten, heroischen Weltordnung mit der neuen Polis sicher Aischylos' Eigentum.

Aischylos, geboren 525/4, herangewachsen in der Zeit, als die Tyrannis der Peisistratiden abgelöst wurde durch die Demokratie des Kleisthenes, Mitkämpfer bei Marathon und Salamis, den militärischen Triumphen der jungen Demokratie, bringt dem Mythos so eine Art Optimismus entgegen: dieser kann, unter Korrekturen, weiterhelfen. Aischylos ist damit allein unter den Tragikern.

Auch Sophokles (497–406/5) setzt seine Helden, wie Agamemnon oder Orest bei Aischylos, göttlichem Wirken aus, doch sind die Götter unerbittlich, die Helden scheitern. Oidipus, der dem Orakel Apollons entgehen wollte, läßt es gerade dadurch wahr werden; und die verstörende Wahrheit entdeckt er dann selber, indem er mit demselben einsamen Starrsinn, mit dem er früher dem Orakel ausgewichen ist, nun den Mörder des Laios und damit die Ursache für die Pest in Theben finden will. Schuld trägt Oidipus nicht, daß er den Seher beschimpft, den Fürsten Kreon eines Komplotts verdächtigt, macht ihn nicht schuldig, höchstens charakterlich nicht makellos: er ist nicht εὐ-δαίμων, steht nicht in der Gunst der Götter. Oder Deianeira in den *Trachinierinnen*: wenn sie, um ihren Gatten Herakles zurückzugewinnen, sein Gewand mit dem Saft beschmiert, den ihr einst der Kentaur Nessos als Liebeszauber gegeben hat, und so Herakles langsam tötet, weil es in Wirklichkeit ein Gift ist, so daß sich Herakles am Ende lebendig verbrennen läßt, macht auch sie sich nicht schuldig, und doch erhängt sie sich – dem ohnmächtigen Zorn des verwaisten Sohns, Hyllos, auf ›die große Unwissenheit der Götter‹ (*v.* 1263) kann der Chor nur antworten: ›Nichts von dem, was nicht Zeus ist.‹ Mit der Feststellung des unverstehbaren Wirkens der Götter schließt das Stück.

Der Dichter aber, der sich mit dem Mythos vielleicht am schwersten tat (und dessen Verhältnis zum Mythos den Modernen am meisten Rätsel aufgab), ist Euripides (etwa 480–406). Bei keinem andern attischen Tragiker werden die Heroen so sehr auf unser aller Maß reduziert (oft noch darunter), und bei keinem finden sich so viele skeptische Aussagen über die Götter, bis hin zu ihrer Negierung. Andererseits stellt auch Euripides ausnahmslos Mythen dar, öfters in sichtbarer Antwort auf eine Fassung eines tragischen Vorgängers. Bei keinem Tragiker enden die Werke so oft mit Aitien, dem deutlichsten Beweis für das Wirken der Götter und Heroen (in elf von fünfzehn Stücken, deren originales Ende erhalten ist; neun davon sind Kultaitien), und bei keinem treten so häufig Götter auf (neun Stücke enden mit dem Auftritt des *deus ex machina*, drei führen die Götter in der Prologszene ein, im *Herakles* erscheinen mitten im Stück die Götterbotin Iris und Lyssa, der personifizierte Wahnsinn, vielleicht als dritte Athena, in den *Bakchen* schließlich ist Dionysos gar der Protagonist). Wie reimt sich dies alles zusammen?

Für den Versuch einer Antwort wird man zunächst auf jene Unterscheidung zurückkommen zwischen der Ebene der Heroen, die im Drama als die der Menschen erscheint, und der der Götter. Die Frage nach der Realität des Mythos stellt Euripides nur für den Göttermythos, nicht für den der Heroen – die Häufigkeit, mit der seine Stücke einmünden in die Aitiologie gerade von Heroenkulten, weist darauf, daß er seine Mythen als Vergangenheit in einer erlebbaren Gegenwart verankern will. Freilich stellt er durchaus Einzelheiten des Heroenmythos in Frage, doch trifft das nur Dinge, die auch ein Hekataios angezweifelt hätte: Ledas Beischlaf mit einem Zeus in Schwanengestalt etwa (*Iph.Aul.* 794; *Helena* 18, wobei hier Helena durch diesen Skeptizismus als sophisticated lady gekennzeichnet werden soll), oder die Sage, daß die Sonne aus Abscheu über Atreus' gräßliches Mahl auf ihrer Bahn umgewendet hätte (*Elektra* 742).

Die Kritik an den Göttermythen setzt am selben Punkt an, am allzu krassen Anthropomorphismus. Das hat Tradition: Homer und Hesiod hätten den Göttern alles angedichtet, was anstößig ist – ›stehlen, ehebrechen und einander betrügen‹ – so beschwerte sich bereits ein Jahrhundert früher Xenophanes von Kolophon (VS 21 B 11, vgl. Kapitel VIII). ›Der Gott, der allen Menschen über Gerechtigkeit richtet, handelt selber wie ein schlechter Mensch: wie sollte er da weise sein?‹ ist das Urteil des Boten über den delphischen Mord an Neoptolemos, Achills Sohn, den Apollon persönlich haßte (*Andromache* 1161); ›es ziemt sich nicht für Götter, ihren Zorn dem der Menschen anzugleichen‹, wirft Kadmos dem zürnenden Dionysos vor (*Bakchen* 1348). ›Er soll den Zorn der Hera, soll den meinen kennenlernen! Die Götter wären nirgends, die Menschen allzu groß, wenn Herakles nicht Buße zahlte!‹ fordert auf der Gegenseite Iris (*Herakles* 840) – Buße nicht für eigenes Vergehen: ›aus Neid auf die Liebesnacht des Zeus zerstört sie den Wohltäter der Griechen, obschon er ohne Schuld war‹ (1308). Die Konsequenz ist klar: ›Wer soll zu einer solchen Göttin beten?‹ (1307).

Xenophanes hatte eindeutig Stellung bezogen. Bei Euripides redet nicht der Dichter, sondern es reden seine Geschöpfe, und Wort steht gegen Wort. Die Probleme mit den Göttern jedenfalls kommen daher, daß die Menschen an sie den Maßstab jener Gerechtigkeit legen, die sie in ihrem Zusammenleben verwirklichen wollen (für Aischylos schuf die Polis die Garantie dafür): ›Denn wir sind Sklaven und natürlich schwach: die Götter aber sind stark und das Gesetz, das über sie herrscht: durch das Gesetz glauben wir an Götter und leben, indem wir gerecht und ungerecht abgegrenzt haben.‹ Die Norm, nach der Gerechtigkeit bestimmt wird, gilt für Götter und Menschen, bezieht ihre Verbindlichkeit eben dadurch, daß sie auch für Götter gilt, argumentiert Hekabe, wie sie Agamemnon zur Rache für ihr ermordetes Söhnlein Polydoros gewinnen will (*Hekabe* 799). Ihr Optimismus ist rein zweckbedingt: nur allzu oft leben die Götter dieser Idee von Gerechtigkeit nicht nach, belohnen sie Gerechte nicht. Und wenn sich Klytaimnestra ermuntert: ›Wenn es Götter gibt, sind sie dem Gerechten gegenüber edel‹ (*Iph.Aul.* 1034), bestätigt die sehr zwielichtige Rettung der Iphigenie vor dem Opfertod, die sie so herbeiwünscht, die Existenz der Götter nur bedingt.

Herakles wies bereits auf eine mögliche Konsequenz einer solchen Theodizee: die Götter sind ungerecht, also verdienen sie keinen Kult. Oder gar: ›Wenn Götter Schlimmes tun, sind sie nicht Götter‹ (*frg.* 292). Die andere Konsequenz wäre, die Tradition zu verwerfen: Artemis kann keine Menschenopfer wollen, ›keiner der Götter, glaube ich, ist schlecht‹, das ist Erfindung der Barbaren hier, meint Iphigenie bei den Taurern (380). Am Ende wird aber dann Athena ein attisches Ritual einrichten als ausdrücklichen Ersatz für die Opferung des Orest, die also doch gottgewollt war (1459). Und Herakles behauptet mit Nachdruck, ›daß die Götter Beischlaf suchen, der nicht Recht ist, und einander fesseln, daß einer über den andern Herr sein soll, glaube ich nicht und werde ich nie glauben: es bedarf der Gott, wenn er wirklich Gott ist, keiner Sache – das sind üble Lügen der Sänger‹ (*Herakles* 1346). Das tönt wieder wie bei Xenophanes – nur ist Herakles selber Produkt eines ›Beischlafs, der nicht Recht ist‹, hatte eben erst selber sein Elend mit Heras Eifersucht erklärt, kommt dieses sein Bekenntnis nach einer der furchtbarsten Demonstrationen göttlicher Willkür in der ganzen griechischen Tragödie überhaupt: Herakles hatte eben, aus dem Hades zurück, Vater, Frau und Kinder vor dem kaltschnäuzigen Usurpator Lykos gerettet, der Chor ein Freudenlied angestimmt, als Iris und Lyssa in der Höhe erscheinen. Auf Heras Befehl treibt Lyssa, gehetzt von Iris, den Held nun zum wahnsinnigen Mord an denen, die er eben erst gerettet hat, nur den Vater kann Athena durch direktes Eingreifen gerade noch retten. Und danach glaubt Herakles an ethisch geläuterte Gottheiten? Oder, wie Wilamowitz gar meinte, glaubt Euripides daran und entzieht dem Mythos jeden Boden?

Das Problem ist vertrackter. Gewiß, wenn Herakles Recht hätte, wäre die Folge unausweichlich: der Mythos ist Lüge, und Herakles mit ihm. Nur ist Herakles eben nicht Euripides, und Euripides hat auch Iris und Lyssa vorgeführt, mitsamt Heras oben referiertem Anspruch auf Rache, und er hat nichts getan, um klarzumachen, daß eine dieser Aussagen richtiger sei als die andere. Vielleicht hat also Herakles Unrecht, und die Götter richten sich eben nicht nach ethischen Normen, die wir auf sie projizieren. Oder anders: mit Herakles' Reden geht menschliches Reden über die Götter überhaupt in die Irre.

Genau dies sagen euripideische Chöre tatsächlich. So in der *Helena*: nach der Schilderung der Leiden, die Griechen und Troianer sinnlos erlitten wegen des von Hera geschaffenen Trugbilds der Helena (eine Schöpfung nebenbei, die auf Heras Haß auf Aphrodite, die Siegerin im Parisurteil, zurückgeht), zieht der Chor Bilanz: ›Was Gott ist, was nicht Gott, was zwischendrin, wer von den Sterblichen könnte behaupten, dies zu wissen, auch wenn er die weiteste Grenze durchforscht, wenn man sieht, wie das Göttliche hierhin, dann dorthin springt und wieder zurück in widersprüchlichem, unerwartetem Taumel?‹ (1137). Und ähnlich, sechzehn Jahre früher, im *Hippolytos*: ›Ja, sehr nimmt mir das Walten der Götter die Sorgen, wenn es mir in den Sinn kommt – doch irgendein Verstehen in der Hoffnung zu bergen, gebe ich auf, wenn ich auf das Schicksal und Tun der Sterblichen blicke: denn bald hierhin, bald dorthin ändert sich den Menschen immer das vielbewegte Leben‹ (1104). Götter walten zwar im Menschenleben, doch nach Gesetzen, die uns entgehen. Pathetisch zeigt Artemis am Ende desselben Stücks, wie anders als wir die Götter sind. Hippolytos, ihr Liebling, liegt im Sterben, Opfer des Neids der Aphrodite, und doch darf sie ihm nicht beistehen: ›leb wohl, ich darf nicht Tote sehen, nicht mein Auge treffen lassen den Aushauch der Sterbenden, und ich sehe, daß du diesem Übel nahe bist‹ (1437). Und sie geht.

Ist also dies der Schlüssel zu Euripides' Aussagen über die Götter, daß sie menschlichem Denken völlig inkommensurabel sind, der Aussage des Mythos ebenso wie derjenigen eines Philosophen wie Xenophanes? Euripides hätte dann einen berühmten Vorgänger: ›Über die Götter kann ich nicht erfahren, weder daß sie sind noch daß sie nicht sind‹, so beginnt die Schrift *Über die Götter* des Sophisten Protagoras (VS 80 B 4). Er soll sie im Hause des Euripides vorgelesen haben. Auch wenn Euripides dabei nicht notwendig die Existenz der Götter in Frage stellt, nur unsere Verständnismöglichkeit, rührt dies doch an die Existenz des Mythos: die Göttermythen werden bloß noch zum Beleg unserer Verständnisschwierigkeiten, die Tragödie zur Darstellung der absoluten Unvereinbarkeit und Kommunikationslosigkeit zwischen göttlicher und menschlicher Welt.

Doch auch den Heroenmythos schob Euripides bis zu einem Punkt vor, wo er zu zerbrechen beginnt, indem er die Heroen immer mehr zu Menschen seiner Zeit macht. Der Extrempunkt ist im Orestes von 408 erreicht.

Euripides geht von der Situation des Orest nach seinem Muttermord aus: Orest liegt wahnsinnig im Bett, dem Tode nah, gepflegt von Elektra; die argivische Volksversammlung verurteilt die beiden, angeführt von Partisanen des Aigisth, zum Tod durch Steinigung, was Orest nur noch in erzwungenen Selbstmord umwandeln kann. Menelaos, auf dessen Rückkehr die Geschwister sehnlichst gewartet haben – haben doch in ihrem Haus Helena und ihre Tochter Hermione seine Rückkehr erwartet – gibt sie der Rache preis. Tyndareos, Vater von Klytaimnestra und Helena, hat ihn vor die Wahl zwischen Orest, dem Mörder seiner Tochter, und dem spartanischen Thron gestellt, zudem macht er sich Hoffnungen auf den Thron von Argos, wenn Orest stirbt. Unterstützt allein von Pylades, den sein Vater wegen der Hilfe beim Mord Klytaimnestras aus Haus und Erbfolge gejagt hat, schlagen sie nun verzweifelt um sich. Erst wollen sie, um Rache zu nehmen am verräterischen Onkel, Helena mit in den Tod reißen (die währenddessen im Haus bereits ihr Siegel auf die erhofften Erbstücke heftet), und Orest malt sich schon den Nachruhm dafür aus, daß er sie für den troianischen Krieg bestraft habe. Dann nehmen sie die junge, naiv-liebe Hermione als Geisel, um so Menelaos' Hilfe zu erpressen: nur entgleitet die Geiselnahme ihrer Kontrolle. Orest, Elektra und Pylades sind im Begriff, nach einem Mordversuch an Helena Hermione vor den Augen ihres Vaters zu ermorden und den argivischen Palast in Brand zu stecken, da greift Apollon in letzter Minute ein.

Der Gott hat allen Grund dazu. Wie schon bei Stesichoros und Aischylos hat er auch hier Orest zum Muttermord getrieben – nur säumt er dann aus unerfindlichen Gründen mit seiner Hilfe. Orest ist nicht nur von fast allen Menschen, auch von allen Göttern verlassen. Diese Gottverlassenheit ist viel zu stark präsent im Stück, als daß man den Befehl des Gottes bloß als traditionellen Auslöser der Handlung und billige Ausrede Orests, sein Erscheinen in letzter Minute als ebenso traditionelles wie ungeschicktes Mittel nehmen darf, die gründlich verrückte Handlung wieder in die mythische Tradition zurechtzubiegen. Wenn dann Orest, das Schwert noch in der Hand, die Geisel Hermione noch zu Füßen, Elektra und Pylades mit brennenden Fackeln zur Seite, vom Dach des Hauses herab Menelaos, dem er eben noch ein Gesimsstück nachschmiß, um die Hand der Tochter bittet, die er eben noch ermorden wollte, und Menelaos dem zustimmt, ist das zu absurd, um nicht gewollt zu sein. Euripides will etwas über die absurde Unberechenbarkeit göttlichen Eingreifens, über die Problematik des Verhältnisses von Menschen und Göttern sagen, wo die Götter einfach nicht da sind, wenn sie helfen sollten, und die Menschen dann von Gräßlichkeit zu Gräßlichkeit fallen, und wo der Gott dies nicht voraussieht, weil er auch die Menschen nicht versteht oder sich schlicht nicht um sie kümmert.

Dabei sind diese Menschen nicht einfach grundschlecht. Wie die Geschwister miteinander umgehen, ist ergreifend. Nur sind sie nicht anders als alle Menschen, und im Jahre 409 hat Euripides keine Illusionen mehr: in die Ecke getrieben, ist der Mensch zu allem fähig, und die

Ordnung der Polis ist nicht dazu angetan, dem Guten zu helfen, auch sie wird dominiert von Machtgier und Opportunismus. Orest, Elektra und Pylades könnten auch als Illustration für jene berühmten Seiten des Thukydides stehen, wo der Historiker die Zerstörung des moralischen Menschen durch die langen Jahre des peloponnesischen Kriegs zeichnet.

So entweichen bei Euripides die Götter sozusagen nach oben, in völlige Unbegreiflichkeit, die Heroen nach unten, in allzu krasse Menschlichkeit, in der jede exemplarische Größe verschwindet. Damit stirbt die tragische Mythendarstellung. Man lasse sich nicht durch die *Bakchen* täuschen, die Euripides überraschendstes, postum aufgeführtes Spätstück sind. Die Geschichte, wie der Gott Dionysos mit Pentheus, dem König von Theben, der nicht an seine Göttlichkeit glauben mag, sein übles Katz-und Maus-Spiel treibt und ihn am Ende durch seine Mutter zerreißen läßt, die dann triumphierend im ekstatischen Wahnsinn den Kopf ihres Sohnes auf die Bühne trägt – diese Geschichte bringt nicht den Heroenmythos zum Leben zurück, sondern demonstriert die furchtbare Gewalt des Gottes in seinem Ritual. Die *Bakchen* inszenieren dionysische Riten unter dem Vorwand der Mythenerzählung. Jene Frage nach dem Sinn des menschlichen Leidens, nach der Gerechtigkeit darin, die von Aischylos ausging und immer wieder auch bei Euripides gestellt wird, geht den Gott der *Bakchen* nichts an.

VIII

Philosophen, Allegoristen und Mythologen

Nach Euripides hört die dichterische Mythenerzählung der Griechen auf, in der ihr eigentümlichen erzählerischen Ausformung der Tradition Gültiges zur Deutung der Welt, des Menschen und seiner Gesellschaft auszusagen und diese Deutung immer wieder an die sich verändernde Gegenwart anzupassen. Die griechische Dichtung der folgenden Jahrhunderte zieht sich auf die ästhetische Perfektion der Mythenerzählung zurück, wie dies die *Hymnen* und *Aitia* des Kallimachos von Kyrene vorführen; sie unterlegt der mythischen Erzählung philosophische Gedanken, wie Apollonios von Rhodos, der in seinen *Argonautika* den Haupthelden Iason zu einem stoischen Weisen umformt; sie emanzipiert sich überhaupt vom Mythos – die Komödien Menanders, des bedeutendsten griechischen Bühnendichters nach Euripides, sind bürgerliche Lustspiele; Theokrit, der dritte große Alexandriner neben Apollonios und Kallimachos, schreibt *Idyllen*, die eine idealisierte Hirtenwelt in Szene setzen, Utopien eines Großstädters, die nur gelegentlich mit der Motivik des Mythos vom Goldenen Zeitalter spielen.

Freilich hören weder die tragische noch die chorlyrische Dichtung von Mythen auf. Tragödien werden weiter verfaßt und aufgeführt, nicht nur in Athen, sondern immer mehr auch in andern Städten der hellenisierten Welt. Die Stücke sind fast spurlos verloren, und wir wüßten gerne mehr. Sicher ist vieles säkularisierte Bildungstradition geworden – darauf weist schon die Praxis, auch die alten Klassiker immer wieder aufzuführen; doch bleiben die Theater Dionysosheiligtümer, und ein Rest der alten Funktion, Gemeinschaft zu stiften, muß erhalten geblieben sein.

Ihre alte Rolle behält die Hymnenpoesie an Götterfesten. In den uns inschriftlich als Kultdokumente gesicherten Asklepioshymnen wird noch immer die Geschichte von der Geburt des Gottes erzählt, schließt sich daran die Bitte um Segen für die ganze Polis: das darf man nicht einfach als leere Tradition abtun, besonders auch deswegen nicht, weil selbst im politischen Leben der Mythos nicht ganz aufgehört hat, Ansprüche zu begründen. In der Religionspolitik ist dies kaum eine Überraschung: als Tiberius im Jahre 22 nach Christus den Anspruch der griechischen Heiligtümer auf Asylrecht überprüfte, begründeten die meisten Heiligtümer ihren Anspruch mit dokumentierten früheren Asylgewährungen. Das Artemision in Ephesos aber argumentierte anders: nicht erst die Römer und Makedonen hätten das Heiligtum begünstigt, nicht erst die Perser seine Heiligkeit anerkannt: schon Herakles habe den Kult ausgeweitet, als er Lydien besucht habe, vor ihm habe Dionysos die Amazonen geschont, als sie im Kampf vor ihm auf den Artemisaltar geflohen waren, und noch früher sei Apollon hierhin geflüchtet, als Zeus ihm zürnte wegen des Mords an den Kyklopen (Tacitus, *Annalen* 3,61).

Weniger selbstverständlich ist die Berufung auf Mythen in der sonstigen Politik. Im Frühjahr 346 etwa hatte Isokrates den Makedonenkönig Philipp mit Verweis auf seine Abstammung von Herakles zur großen Tat eines Perserkriegs zu ermuntern versucht (5,113); eine kaiserzeitliche Inschrift berichtet von der Gesandtschaft der Stadt Aigai in Kilikien nach Argos, um einen Freundschaftspakt (mit handfesten kommerziellen Vorteilen) abzuschließen – der kilikische Unterhändler begründet die Freundschaft damit, daß seine Stadt von Perseus, dem argivischen Heroen, gegründet sei; zufällig erfahren wir anderswo, daß derselbe Rhetor auch die Kreter in einem Prozeß unterstützt hatte, in dem Kretas Anspruch, das Grab des Zeus zu besitzen, angefochten worden war. Die Beispiele ließen sich leicht vermehren.

Der Mythos, verstanden als älteste Geschichte, bewahrt so auch in späterer Zeit eine gewisse soziale und politische Bedeutung. Der Unterschied zur archaischen und klassischen Zeit liegt im Grad dieser Bedeutung: Mythen können jetzt kaum mehr alle Bereiche menschlicher Existenz sinnstiftend erfassen, dafür ist die griechisch-römische Gesellschaft zu stark aufgesplittert. In vielem tritt die Philosophie das Erbe des Mythos an.

Die Philosophen waren es schon gewesen, die als erste die Gültigkeit des Mythos grundsätzlich in Frage gestellt hatten. Sobald die Vorsokratiker begonnen hatten, ihr Denken über die Welt von der Tradition zu lösen, diese Tradition ihrerseits außerhalb des Kreises der Naturphilosophen aber ihre Gültigkeit behielt, die Dichtungen Homers und Hesiods geradezu als Kern griechischen Welt- und Selbstverständnisses kanonisiert wurden, war es nur eine Frage der Zeit, bis der Riß zwischen den beiden Sehweisen fühlbar wurde und zu Konflikten führte: im späteren sechsten Jahrhundert war es soweit. Jetzt hören wir zum ersten Mal ausdrücklich, daß ›von Anfang an alle nach Homer gelernt haben‹ (Xenophanes von Kolophon, VS 21 B 10; ca. 570–475 v. Chr.) und daß ›Lehrer der meisten Hesiod‹ ist (Heraklit von Ephesos, VS 22 B 57; ca. 540–480 v. Chr.). Auf die scheinbare Reverenz folgt die Kritik: ›alles haben den Göttern Homer und Hesiod in die Schuhe geschoben, was bei den Menschen Tadel und Vorwurf ist – stehlen, ehebrechen und einander betrügen‹ (VS 21 B 11): dem ethisch gereinigten Gottesbild des Xenophanes genügen die alten Mythen nicht mehr. Und sie genügen auch seiner sonstigen Vorstellung von Ethik nicht mehr: ›unter den Männern ist der zu loben, der beim Trunk Edles vorbringt . . ., der nicht Kämpfe erzählt von Titanen, Giganten oder Kentauren, Erfindung der früheren Menschen‹ (VS 21 B 1,19 ff.). Die traditionellen Erzählungen deuten nicht mehr, sondern werden zum Problem – und werden erst einmal abgelehnt. Heraklit ist noch drastischer: ›Vielwisserei lehrt nicht, Verstand zu haben, denn sie hätte sonst Hesiod gelehrt und Pythagoras‹ (VS 22 B 40); ›Homer verdiente es, aus allen Wettkämpfen verjagt und ausgepeitscht zu werden, desgleichen Archilochos‹ (VS 22 B 42): die Dichter vertreten dieselbe unreflektierte, widersprüchliche Art zu denken, wie die Vielen, die Heraklit ablehnt; ihre Darstellung der Götter und Heroen wird nur einer der Gründe des Anstoßes gewesen sein.

Mit den Sophisten, den aufgeklärten Intellektuellen des fünften Jahrhunderts, verläßt die Ablehnung der mythischen Tradition den privaten Raum philosophischer Polemik. Die demokratische Polis gab immer mehr Bürgern Anteil an politischen Entscheidungen; wirtschaftliche Prosperität und Handel brachten immer mehr Griechen mit fremden Menschen und fremden Ideen zusammen; die wachsende Fähigkeit, zu lesen und zu schreiben, trug das Ihre zur Verbreitung neuer Ideen bei. Das Vertrauen auf das eigene Urteil, gefestigt im aktiven politischen Handeln, ließ immer mehr Zweifel an den traditionellen Geschichten zu – wenigstens die meiste Zeit: ›wenn einem der Tod naht‹, sagt am Ende der Epoche der alte Kephalos in Platons *Staat* (330 D), ›dann drehen einem jene Geschichten (μῦθοι) über die Dinge im Jenseits ... die Seele um, auch wenn man früher darüber lachte‹.

Was die Sophisten vom Mythos hielten, können wir ihren Aussagen über die Götter entnehmen. Von Protagoras' Eingeständnis, darüber nicht reden zu können, war schon die Rede (Kapitel VII): wer so denkt, kann dem Mythos keine gültigen Aussagen mehr zutrauen. Andere Sophisten waren weniger zurückhaltend: Prodikos von Keos (470/60 – nach 399), ›war der Ansicht, daß die von den Menschen traditionell angenommenen Götter es nicht seien‹. Damit wird den Göttern die Göttlichkeit abgesprochen. Die frühen Menschen hätten Naturmächte zu Göttern gemacht: ›die Sonne, den Mond, die Flüsse und die Quellen und alles, was unserem Leben hilft‹ (VS 84 B 5). Später, im Fortschreiten der Kultur, werden menschliche Kulturbringer und Wohltäter zu Göttern gemacht – namentlich greifbar sind Demeter und Dionysos, welche Ackerbau und Brotherstellung, Weinbau und Kelterung erfanden. Der Mythos, wie Demeter nach Eleusis, Dionysos nach Ikaria kam und ihre Gaben mitbrachten, wird, historisierend gelesen, zum Beleg dieser These.

Und doch: was ›die Früheren‹ konnten, können die Sophisten mindestens ebensogut. Auch sie werden Mythenmacher – nur werden die Mythen bei diesen professionellen Lehrern zum didaktischen Instrument. Traditionelle Mythen können zum Rahmen für sophistische Unterweisung werden – im *Troischen Dialog* des Hippias von Elis (VS 86 A 2) unterrichtet Nestor im zerstörten Troia den jungen Neoptolemos, Achilles' Sohn, wie man ›ein guter Mann wird‹, was vor allem heißt, wie man politisch erfolgreich wird. Eben dies versprechen alle Sophisten zu lehren: Nestor wird zum mythischen Prototyp des sophistischen Lehrers.

Mythen können auch ganz neu geschaffen werden. Ausgerechnet Prodikos wird der wirkungsmächtigste sophistische Mythos verdankt, derjenige von Herakles am Scheideweg (VS 84 B 2): dem jungen Herakles begegnen an einer Wegkreuzung zwei göttergleiche Frauen, Arete und Eudaimonia, ›Tugend‹ und ›Glückseligkeit‹, präsentieren ihre Lebensform und lassen Herakles wählen zwischen einem angenehmen, letztlich aber leeren Leben und einem solchen in steter Anstrengung, doch mit überirdischem Lohn: den Ausgang gab die Tradition vor. Auch wenn Griechen solche Personifikationen durch Dichtung und Kult lebendiger vorkommen mußten als uns, bleibt der mythische Firnis durchsichtig – der Popularität der Geschichte bis in die Neuzeit tat es freilich nicht Abbruch.

Die Tradition dient in diesen Neuschöpfungen allein noch als Aufhänger der jeweiligen ethischen Botschaft, umgibt die Erzählung mit einem Schein mythischer Verbindlichkeit und poetischen Glanzes: als Lehrstück für

Unterricht und private Lektüre ist der sophistische Mythos der Zensur einer Gemeinschaft enthoben. So werden die traditionellen Gestalten frei zum intellektuellen Spiel – Gorgias von Leontinoi, Begründer der Rhetorik, kann eine *Lobrede auf Helena* verfassen, in der er Helena von jeder Schuld am troianischen Krieg freispricht – nicht durch eine Neuerzählung des Mythos (wie dies Stesichoros tat), allein durch raffiniertes Argumentieren im Rahmen der Tradition – ein ›Spiel‹, wie er selber sagt (VS 82 B 11).

Enger an die mythische Tradition schließt eine Erzählung an, welche die Titelgestalt des platonischen *Protagoras* (320 C) erzählt und die im Kern tatsächlich auf den ersten und größten Sophisten zurückgeht. Sie soll Sokrates widerlegen, der den sophistischen Anspruch, daß politische Tugend lehrbar sei, in Frage gestellt hat. Die erste Hälfte gibt sich als interessante Variante des Prometheus-Themas: Epimetheus war die Aufgabe überlassen worden, allen Lebewesen nach ihrer Schöpfung die zum Überleben nötigen Eigenschaften zu geben, und wie er zum Menschen kommt, hat er schon alle Eigenschaften aufgebraucht: statt Hörner, Reißzähne oder Flügel bekommt der Mensch nun technische Begabung und Feuer, die Prometheus aus der Werkstatt von Athena und Hephaistos gestohlen hat, wofür er denn auch bestraft wird.

Soweit wird einfach der Unterschied zwischen Mensch und Tier erklärt – schon für Hesiod hatte der Mythos von Prometheus eben zur Definition der *condition humaine* gedient, und Epimetheus' unbedachter Umgang mit seinen Ressourcen hat volkskundliche Parallelen außerhalb der Antike – wie sich ja auch die Handlungsstruktur dieser Geschichte in ihrem linearen Ablauf der Ereignisse von den bisher betrachteten Sophistenmythen unterscheidet. Auch die Fortsetzung bewegt sich im Rahmen traditionellen Erzählens: der Mensch ist unfähig zu überleben, weil ihm die Fähigkeit fehlt, Gemeinschaften zu bilden: an das politische Wissen, das bei Zeus aufbewahrt ist, war Prometheus nicht herangekommen. So sendet der Göttervater nun Hermes, um den Menschen Respekt und Recht, αἰδώς und δίκη, zu bringen, gleichmäßig verteilt auf alle: deswegen sind alle Menschen begabt zum politischen Handeln.

Zeus als Geber der für die Gemeinschaftsbildung nötigen Gaben, als Schützer eben dieser Gemeinschaft, ist durchaus traditionell; zusammen mit Dike, seiner Tochter, stellt ihn schon Hesiod dar. Protagoras deutet mit seiner Erzählung ein Stück athenischer Wirklichkeit, kaum anders als Aischylos in den *Eumeniden*. Neu ist nicht so sehr die Antwort, eine Art mythischen Pasticcios, neu ist die Frage. Und grundsätzlich neu ist, daß der Mythos Äquivalent zum rationalen Argument wird. Protagoras hatte es seinen Zuhörern anheimgestellt, Sokrates argumentativ (λόγωι) oder im Mythos zu antworten: er wählt den Mythos aus didaktischen Gründen, ›da ich als Älterer zu euch Jüngeren rede‹: dem geistig unreifen Publikum ist der Mythos angemessener. Zur neuzeitlichen These, daß der Mythos einer Kindheit der Menschheit angehöre, ist es (nebenbei) nicht mehr weit.

Es ist diese pädagogische Funktion des Mythos, welche in der Folgezeit immer wichtiger wird. Neu ist sie nicht, schon Homers mythische Exempla haben die Absicht, etwas zu demonstrieren; die Sophisten scheinen aber als erste den Mythos überhaupt darauf reduziert zu haben. Platon zieht nach: in seinem Idealstaat dienen von moralischen Anstößen gereinigte Mythen zur Erziehung der jungen Wächter (*rep. 377 C*). Später nennt Plutarch entsprechend interpretierte Mythen das beste Bildungsmittel für junge Menschen. Bei solcher Sehweise machen die Fabeln Aisops Karriere: sie haben schon immer als μῦθοι gegolten, in der Kaiserzeit werden sie sogar als die beste Mythenerzählung bezeichnet, denn sie sind von Anfang an auf ethische Belehrung aus, und sie geben auch gleich die Moral an, so daß interpretative Kunststücke unnötig werden.

Erbe und Überwinder der Sophisten ist Platon (428–348 v. Chr.). Auch er ist kein geringer Mythenerzähler, und in seinen Dialogen strömt vieles zusammen, was in der vorangehenden Zeit über Mythen gedacht wurde – nicht zuletzt die Mythenkritik, die ja immer auch Dichterkritik ist.

Im zweiten Buch des *Staats,* wo er von der Erziehung der zukünftigen Wächter spricht, des Wehrstands seines idealen Staates, zeigt er, wieso die allermeisten Mythen ungeeignet sind für Jugendliche. Exemplifiziert wird es an Hesiod und Homer, den größten Mythenerzählern. Die Liste der Vorwürfe ist lang, läßt eigentlich von *Ilias* oder *Theogonie* fast nichts übrig. Kein Wunder, daß die Dichter überhaupt aus dem Idealstaat verbannt werden – wenn auch mit Bedauern, ›denn wir sind uns ihres Zaubers durchaus bewußt‹ (607 C). Freilich wird nicht auch die Mythenerzählung verbannt: ›wir werden von den Dichtungen Hymnen an die Götter und Preislieder auf die edlen Männer in unseren Staat aufnehmen‹ (607 A), und Götterhymnen kommen ohne Mythenerzählung nicht aus, Preislieder gehen sicher auch Heroen an. Nur, ›wir müssen die Mythenmacher (μυθοποιοί) beaufsichtigen und nur, wenn sie einen guten Mythos machen, diesen annehmen, wenn nicht, ihn ablehnen‹ (377 B).

Platons Rezept ist also Verbannung der bisherigen Dichter und Zensur der neuen. Freilich weiß er auch von anderen Möglichkeiten, mit den Anstößen des Mythos fertigzuwerden. Homers Mythen lehnt er ab, ›ob sie nun mit tieferem Sinn (ἐν ὑπονοίαις) gedichtet wurden oder nicht‹ (378 D): ὑπόνοια, »unterlegte Bedeutung, tieferer Sinn« ist das Stichwort für das, was später allegorische Mythendeutung heißt – ἀλληγορία, »Anders-Reden« setzt sich erst seit späthellenistischer Zeit durch. Diese Deutung geht von der Prämisse aus, der Dichter meine nicht wörtlich, was er sagt, teile einen tieferen Sinn in absichtlicher Verhüllung mit. Zu Platons Zeit und darüber hinaus ist dieser »eigentliche« Sinn meist physikalisch-naturphilosophisch. Der Interpret einer Theogonie des Orpheus, der wohl zu Platons Lebzeiten schrieb und dessen Buch in einem Grab im nordgriechischen Derveni sich fand, greift auf die physikalischen Theorien des Anaxagoras und der Atomisten zurück: Uranos etwa meine den νοῦς, das geistig-physikalische Grundprinzip des Anaxagoras, die Liebesvereinigung von Göttern wird als Bild für den Zusammenprall der Atome gedeutet.

Zu Platons Zeit ist die allegorische Deutung schon alt. Der erste Vertreter wird gerade als Erklärer eines der Platon so unangenehmen Götterkämpfe genannt, der Schlacht der Olympier im 20. Buch der *Ilias*. Ein antiker Kommentator verstand ihn als Kampf der Naturkräfte, des Feuers (Apollon, Helios, Hephaistos) mit dem Wasser (Poseidon, Skamandros) und der Luft (Hera): ›diese Art der Verteidigung Homers ist die des Theagenes von Rhegion, der als erster über Homer schrieb‹ (VS 8 A 2). Wie Theagenes seinen Homer genau deutete, geht aus der Formulierung des Kommentators nicht hervor: die Prinzipien, die auch im Dervenitext angewendet werden (daß die Götter Bilder für physikalische Dinge sind, und daß durchaus mehrere Götter dasselbe meinen können), mögen auch schon bei ihm gegolten haben. Die wenigen andern Zeugnisse datieren Theagenes in die Zeit um 525 v. Chr. und legen nahe, daß er ein Rhapsode war. Rhapsoden aber rezitierten nicht nur ihren Homer, sondern mußten ihn in zunehmendem Maße auch erklären – wie denn im platonischen *Ion* die Titelgestalt, ein wandernder Rhapsode, den Anspruch erhebt, ›am schönsten über Homer reden zu können‹ (530 C).

In Handbüchern kann man nachlesen, die Allegorese sei entstanden als Reaktion auf die Homerkritik, wie sie seit Xenophanes bekannt ist. Daß Theagenes gerade die anstößige Theomachie der *Ilias* deutete, nimmt man als Bestätigung dafür. Allerdings haben weder Metrodor von Lampsakos, der bedeutendste Homerallegoriker des fünften Jahrhunderts, noch der Allegorist von Derveni die

Absicht, ihren Dichter zu verteidigen. Sie wollen den wahren Sinn, den der Dichter verborgen hat, entdecken: Orpheus schreibt für eine Mysteriengemeinde, deswegen ist sein Text absichtlich verrätselt, αἰνιγματώδης: Uneingeweihte halten sich an die wörtliche Oberfläche. Bei Homer und Hesiod aber hat ihr Prestige als Lehrer der Griechen leicht dazu führen können, daß eine neue Zeit in ihren Werken verborgene Naturwissenschaft oder Ethik sah, ohne jede apologetische Absicht. Jedenfalls liegt Allegorese im späten sechsten Jahrhundert in der Luft. Die Theo- und Kosmogonie des Pherekydes von Syros (VS 7), den unsere Quellen in die Mitte des Jahrhunderts setzen, steht an der Schwelle allegorischer Verkleidung: einer der Urgötter ist Kronos-Chronos, trägt mithin auch den Namen »Zeit« (die Zeit als Urpotenz und von Anfang an da), Zeus aber webt für seine Gattin Chthonie einen Mantel mit Erde und Okeanos darauf, und wie Chthonie ihn anzieht, wird sie zu Gaia, »Erde«. Durch die mythische Ausdrucksweise scheint Physikalisches hindurch; Empedokles im fünften Jahrhundert wird dann bewußt verrätseln (s. Kapitel IV). Pherekydes gilt als Lehrer des Pythagoras, Empedokles ist Pythagoreer. Auch sonst wird für die Pythagoreer Allegorisches bezeugt: sie hätten die Akusmata, alte religiöse Tabuvorschriften, die man Pythagoras in den Mund legte, ethisch ausgedeutet (VS 58 C 6); dem Meister selber schrieb man allegorisierende mythische Verrätselung physikalischer Erscheinungen zu: ›das Meer ist die Träne des Kronos, der Große Bär die Hände der Rhea‹ weiß schon Aristoteles (frg. 196). Wie alt das ist, ist ungewiß – jedenfalls aber ist es wieder Allegorese ohne apologetische Absicht. Auch wenn Allegorese zur Verteidigung Homers entstanden sein sollte, wurde schon rasch ihr Potential zur Mythendeutung – und das heißt: zur Anpassung der mythischen Aussage an radikal neue Denkweisen – wahrgenommen.

Die pythagoreische Deutung der Akusmata läuft auf Ethik, nicht Physik hinaus: dies scheint Errungenschaft der Pythagoreer zu sein. Jedenfalls weist der erste ethisch verstandene Mythos auf dasselbe Milieu. Platon erzählt ihn im *Gorgias* (493 A). Der Mythos: die Seelen der Ungeweihten (ἀμύητοι) müssen im Jenseits als Strafe Wasser in ein löchriges Faß (πίθος) schöpfen – das bedeute, wie ›ein eleganter Mythologe, vielleicht Sizilier oder Italiker‹ erklärte, daß jener Seelenteil, in dem die Begierden säßen und der überrede (πείθεσθαι) und sich überreden lasse (πιθανόν), bei Unvernünftigen (ἀνόητοι) unersättlich sei – wie man sieht, arbeitet der Mythologe mit Wortanklängen, »Etymologien«. Seine Heimat und sein Interesse an Seelenlehre verweisen auf die Pythagoreer; die Mysteriengemeinde, der der Mythos gehörte, sucht man im selben Bereich.

Freilich soll nicht Pythagoras, sondern Anaxagoras ›als erster gezeigt haben, daß Homers Dichtung über Gutes und Schlechtes rede‹ (VS 59 A 1). Allegorese muß damit nicht notwendig gemeint sein: von ihr, die den Mythos als Verrätselung ethischer Lehren sieht, muß man die Verwendung als Exempel moralischer Belehrung scharf trennen – dieser letztere Gebrauch ist es, dem der Mythos seinen didaktischen Ruf verdankt, der sich durch die Antike hält.

Platon folgt nicht nur in seiner Mythenkritik früheren Denkern. Wie die Sophisten, verbindet auch er Philosophie und Mythenerzählung. Doch hat Platon den philosophischen Mythos gründlich verwandelt: seine Hauptmythen sagen aus, was die dialektische, argumentative Erörterung (λόγος) nicht aussagen kann. Anders als bei Protagoras sind Mythos und Logos nicht auswechselbar. Solche Mythen handeln entweder vom Los der Seele nach ihrer Trennung vom Körper oder vom Werden in der sinnlich wahrnehmbaren Welt. Platons Ontologie trennt bekanntlich scharf zwischen der Welt des nur geistig wahrnehmbaren, unveränderlichen Seins und derjenigen des sinnlich wahrnehmbaren, veränderlichen Werdens. Nur der Welt des Seins kommt Wahrheit zu, nur sie kann dialektisch erfaßt werden; über die Welt des Werdens ist nur Meinen möglich. ›Wenn wir nun, nachdem viele vieles über die Götter und die Entstehung des Alls sagten, unfähig sind, darüber vollständig miteinander übereinstimmende und genaue Berichte (λόγοι) abzugeben, darf man sich nicht wundern: ... deswegen sollt ihr darüber eine wahrscheinliche Erzählung (ἐοικὼς μῦθος) akzeptieren und nicht weiter fragen.‹ So leitet der Erzähler im *Timaios* die lange kosmogonische Erzählung ein, die einen göttlichen Schöpfer bei seinem Werk darstellt. Und die unvollendete Fortsetzung, der *Kritias*, führt die schon im *Timaios* angekündigte Erzählung vom Idealstaat Atlantis ein, von seinem Kampf mit einem vorzeitlichen Griechenland und seinem endgültigen Untergang. Dies ist ebenso ein Mythos aus der Welt des Werdens, von Platon in eine unscharf definierte Frühzeit gesetzt und mit einer umständlichen Herkunftsangabe versehen, die sich in räumlicher und zeitlicher Ferne verliert. Platon distanziert sich vom Wortlaut der Fabel – sie ist ein Gedankenexperiment, eine Dynamisierung des Staatsmodells im *Staat*: Sokrates möchte jenen Idealstaat nun in Bewegung sehen, wie jemand ein schön gemaltes Lebewesen sich bewegen sehen will (*Tim.* 19 B, vgl. 27 A). Dies hat bisher freilich noch niemanden davon abhalten können, die Reste von Atlantis auf dem Grund des Atlantiks oder des Mittelmeeres zu suchen.

Ebenfalls nur im Mythos kann Platon über das Schicksal der Seele nach dem Tod des Körpers reden: dialektisch beweisbar ist allein ihre Unsterblichkeit; ›wie beschaffen sie ist, ist in jeder Hinsicht Sache einer völlig göttlichen und langen Erörterung, wem sie aber gleicht (ἔοικεν), kann menschlich und kürzer gesagt werden‹ (*Phaedr.* 246 A): das leitet einen der vier eschatologischen Mythen ein, einen ἐοικὼς μῦθος, um mit dem *Timaios* zu reden.

Platons vier Jenseitsmythen – im *Gorgias*, im *Phaidon*, im *Phaidros* und im *Staat* – lassen sich auch nicht aufeinander reduzieren und zu einem größeren Bild aufeinanderlegen; obschon thematisch eng verwandt, steht jeder für sich allein: der Mythos kann die Wahrheit nur umkreisen. Der berühmteste ist wohl derjenige am Ende des *Staats*. Sokrates führt ihn ein ›nicht als eine Geschichte für Alkinoos, sondern als die eines wehrhaften (ἄλκιμος) Mannes, von Er, dem Sohn des Armenios, einem Pamphylier‹ (614 B). Die wortspielerische und augenzwinkernde Verbindung des kommenden Mythos mit Odysseus' Erzählungen am Hof des Alkinoos, des Königs der Phaiaken, soll wieder Distanz schaffen: man darf das alles nicht wörtlich nehmen. Schließlich hat Sokrates oft genug den Mythos als Lüge abgetan, hat zudem ganz zu Beginn des *Staats* auf die ambivalente Haltung gerade Jenseitsmythen gegenüber verwiesen, in jenen schon zitierten Worten des alten Kephalos (330 D), der früher über solche Dinge lachte und sich jetzt doch fragt, ob nicht am Ende etwas dran sei.

Er, der Pamphylier, war im Kampf verletzt und scheintot auf den Scheiterhaufen gelegt worden, wo er wieder zu sich kam. In der Zwischenzeit hatte seine Seele eine Reise durch das Jenseits gemacht, wie dies alle Seelen nach ihrer Trennung vom Körper machten; die Seele Ers wurde dazu zugelassen, um den Menschen von dieser jenseitigen Welt zu künden. Der Mythos (wie Sokrates ihn selbst am Ende ausdrücklich nennt) ist sorgfältig eingefügt in das Gesamtanliegen des *Staats*, die Frage danach, was Gerechtigkeit sei und wie sie sich auf Erden realisieren lasse. Die Schaffung des Modellstaats hat eben diesem Zweck gedient, und der Mythos will andeuten, wie sich diese irdische Ordnung einfügt in eine größere: nach dem Tod wird die Seele gerichtet, und Strafe und Lohn bemessen sich danach, wie gerecht jemand auf Erden war – nach der Gerichtsstätte gabelt sich der Weg im Jenseits, führt entweder hinab in die Tiefe zum Ort der Strafe, gar dem Tartaros als ewigem Gefängnis für ganz Verderbte, oder hinauf zum Himmel, dem Ort der Belohnung.

Auch wenn der Mythos als Ganzes eine Schöpfung

Platons ist, wirkt er in Einzelheiten und Gesamtaufbau weit traditioneller als alle sophistischen Mythen – auch wenn im Zentrum der jenseitigen Welt die durchsichtige Personifikation der Ananke, der »Notwendigkeit« sitzt, die ein leicht verhülltes Kosmosmodell im Schoß hält. Die drei Moiren, die jeder Seele vor der Wiedereinkörperung ihr Los zuteilen, die Sirenen, deren Gesang bei der Drehung des Kosmos die Sphärenharmonie zugeschrieben wird, der Tartaros als jenseitiges Gefängnis, die Begegnung mit epischen Heroen (Orpheus etwa oder Agamemnon) sind traditionelle Motive, das Thema der Jenseitsreise hat außergriechische Entsprechungen, findet sich aber auch bei Parmenides (Kapitel IV). Bei Platon wie bei Parmenides gehört es letztlich zu pythagoreischen Traditionen, in die auch Seelenwanderung und Sphärenharmonie verweisen. Letztlich liegt diesem Grundthema die Ritualerfahrung der schamanistischen Seelenreise, damit das rituelle Grundschema des *rite de passage* zugrunde: diese thematischen und strukturellen Anklänge tragen zum Erfolg des platonischen Mythos wesentlich bei.

Platon kann auch anders. Ein anderer μῦθος im *Staat* (415 A) führt Sokrates als Mythenschöpfer vor, gibt Auskunft über die politische Rolle des Mythos im Idealstaat: Sokrates erfindet einen Mythos zum einen, um die Bürger seines Staats dazu zu bringen, sich wie Brüder zu achten und die Erde wie eine gemeinsame Mutter zu lieben und zu verteidigen; zum andern, um die Väter dazu zu zwingen, von Anfang ihre Söhne genau zu beobachten, damit sie in die richtige Kaste eingeteilt werden können. Denn alle Bewohner des Staates, will Sokrates verbreiten lassen, seien einst unter der Erde geschaffen worden; dabei habe der göttliche Schöpfer den zukünftigen Herrschern Gold, den Wächtern Silber, den Handwerkern und Bauern Kupfer und Eisen beigemischt, doch vererbe sich dieses beigemengte Metall nicht notwendig vom Vater auf den Sohn. Dieser ausdrücklich frei erfundene Mythos mit seiner klaren sozialen Funktion verwendet wieder alte Elemente:

daß Ureinwohner Kinder der Erde sind, ist gerade den Athenern geläufig, die den Anspruch auf Autochthonie erhoben, und die Hierarchie der Elemente prägte schon Hesiods Weltaltermythos, ist letztlich orientalisches Thema (sehr zu unserem Erstaunen nennt denn Sokrates den Mythos auch ›nichts Neues, sondern etwas Phönizisches‹, 414 C).

Sokrates Gesprächspartner hat freilich Bedenken: die neuen Bürger des Idealstaats würden den Mythos kaum glauben, schließlich wüßten sie besser, woher sie kommen: erst spätere Generationen könnten daran glauben. Da steht eine Theorie über die Entstehung von Mythen dahinter: wie Sokrates der ersten Generation seines Staates einen Mythos erfindet, so hat überhaupt in der Frühzeit der Menschheit ein einfallsreicher Kopf die Mythen geschaffen zur moralischen Leitung des Volkes, und im Lauf der Generationen hat man angefangen, daran zu glauben. Eine solche Theorie ist bekannt: ›Ein raffinierter, an Gedanken weiser Mann hat damals zum ersten Mal den Menschen die Furcht vor den Göttern erfunden, damit eine Abschreckung da sei für die Schlechten, auch wenn sie heimlich etwas täten oder sprächen oder dächten‹ (VS 88 B 25). Das stammt (vielleicht) vom Schriftsteller, Sophisten und Tyrannen Kritias von Athen: Kritias ist Platons Onkel.

Obwohl der Platonismus die wohl am nachhaltigsten wirkende antike philosophische Schule gewesen ist, hat Platons Mythenschöpfung für sonst Unsagbares keine Nachfolge gefunden. Aristoteles führt die Logik als Grundlage des Philosophierens ein und mit ihr die Forderung, daß jede philosophische Aussage für andere nach ihren Regeln nachvollziehbar sein müsse. Für den Mythos als philosophische Aussageform ist kein Platz mehr – wie denn der evolutionistische Philosophiehistoriker Aristoteles den Mythos nicht als Ergänzung der Philosophie ansah, sondern als ihre Vorbereitung, Rest der Philosophie einer früheren Menschheit. Die Beschäftigung mit

Mythen in nachplatonischer Zeit verlief in anderen Bahnen – in denen der Allegorese, der euhemeristischen Historisierung und der Mythographie.

Als Mythographie im engeren Sinn wird die grammatisch-philologische Beschäftigung mit Mythen bezeichnet, im weiteren Sinn umgreift der Ausdruck auch jene nicht wenigen Werke des Hellenismus, die Mythen zur Unterhaltung erzählen und dabei oft frei genug fabulieren. Bezeichnend für ihre Auffassung von Mythos ist, daß diese mythologischen »Romane« hemmungslos uralte Autoren erfanden, die sie ausgeschrieben haben wollten: Mythos ist Dichtererzählung, und je älter der Dichter, desto authentischer der Mythos. Noch einen Schritt weiter ging der Verfasser jenes Werks, das maßgeblich geworden ist für jene historisierende Deutung der Göttermythen, die man euhemeristisch nennt – Euhemeros von Messene, der nicht lange nach 300 v. Chr. *Das Heilige Dokument* (Ἱερὰ Ἀναγραφή) verfaßte (*FGrHist 36*). Dieses Dokument ist eine Inschrift, welche die Geschichte der Götter seit Uranos verzeichnet: große Könige seien sie gewesen, Uranos dazu ein Astronom, der den Gestirnskult eingeführt habe, Zeus ein Vertreiber von Tyrannen; wegen ihrer Wohltaten seien diese Herrscher samt ihren Familien von den Späteren vergöttlicht worden. Das Modell des vergöttlichten hellenistischen Herrschers scheint hier durch, doch auch das theologische Grundkonzept des Prodikos bis hin zur Zweiteilung in eine erste Religionsstufe mit Gestirnskult, eine spätere mit dem Kult vergöttlichter menschlicher Wohltäter. Diese Inschrift ist in den Rahmen einer Reiseerzählung eingefügt: im Dienst des Königs Kassandros von Makedonien habe Euhemeros sie im Zeustempel von Panchaia gefunden, einer Insel weit draußen im Indischen Ozean, bewohnt von äußerst frommen Menschen – ein insuläres Utopia im Gefolge von Platons Atlantis, das nicht anders in die Gegenwart geholt wird als Thomas Morus' Utopia, von dem ein anderer Seefahrer, Raphael Hythlodaeus, berichtet. Und wie Morus' *Utopia,* hat das Buch des Euhemeros starkes Echo gefunden, wurde noch im dritten Jahrhundert etwa von Dionysios Skytobrachion nachgeahmt, ein Jahrhundert später von Ennius ins Latein übersetzt; wieder ein Jahrhundert später nahm der Universalhistoriker Diodoros von Sizilien Euhemeros wie Skytobrachion für bare Münze. Daß dann die christlichen Apologeten sich darauf stürzten, verwundert nicht.

Die Mythographie im engern Sinn beginnt als gelehrte Zusammenfassung dichterisch behandelter Stoffe: das erste Werk der Gattung heißt schlicht »Tragisch Dargestelltes«, Τραγωιδούμενα, war eine um Varianten aus anderen Dichtungen angereicherte Nacherzählung von Tragödien, verfaßt im späteren vierten Jahrhundert von Asklepiades von Tragilos (*FGrHist* 12). Als einmal die gewaltige Sammlung der Bibliothek von Alexandria zur Verfügung stand, wurde es möglich, auch nichtdichterische Mythen aus abgelegener lokaler Geschichtsschreibung beizuziehen, was Grammatiker und Dichter animierte: solche Mythen wurden etwa aufgenommen von Kallimachos in den *Aitia,* welche aitiologische Lokalsagen darstellen. Sind die Dichter nicht wie Kallimachos zugleich Gelehrte, arbeiten beide doch eng zusammen: der Zufall hat uns eine kleine Sammlung erotischer Mythen aus Lokalgeschichten erhalten, die sein Autor, Parthenios von Nikaia, ein gelehrter Dichter, seinem Freund, dem römischen Politiker, Dichter und Freund Vergils, Cornelius Gallus, als Rohmaterial ›für Epen und Elegien‹ widmet.

Aus dieser ganzen emsigen Tätigkeit ist uns nur ein einziges umfangreicheres Werk erhalten und auch dieses nicht vollständig, die *Bibliothek* eines gewissen Apollodoros aus (vielleicht) dem ersten Jahrhundert der Kaiserzeit. Hier werden die Mythen der Griechen in etwa sagenchronologischer Reihe erzählt, beginnend mit Theo- und Kosmogonie. Die Nacherzählung kombiniert meist die alten, nunmehr längst klassischen Dichter, nicht notwendig alle aus eigener Lektüre, sondern via frühere Sammelwerke.

Das Vorgehen ist bezeichnend: kein griechischer Mythograph sammelt Mythen durch Feldforschung wie die Brüder Grimm oder moderne Anthropologen, obwohl sicher noch viele Mythen mündlich kursierten: Mythographen sind Grammatiker, Literaten, welche die klassische Tradition der griechischen Literatur sammeln und ordnen.

Mit dem Verfassernamen dieser Sammlung, Apollodoros, verbindet sich eine Aporie. Die meisten Herausgeber der *Bibliothek* nennen den Autor Pseudo-Apollodor: der Name stelle das Werk unter den Namen des großen Grammatikers Apollodoros von Athen, der um die Mitte des zweiten Jahrhunderts in Alexandria schrieb. Freilich ist Apollodoros ein sehr häufiger Name, und die Usurpationstheorie ist zumindest unvorsichtig. Falls sie zuträfe, würde sie das Prestige jenes Apollodoros bestätigen, der zwar nicht den Mythographen zuzurechnen ist, dessen Alterswerk Περὶ θεῶν, »Über die Götter« aber zentral ist für die spätere Beschäftigung der Antike mit ihren Mythen und Göttern, bis hin zu den christlichen Polemikern. Das Werk ist verloren, die Zitate bei späteren Autoren geben aber wenigstens eine Vorstellung: es ist eine grammatikalisch-philologische Untersuchung mit dem Ziel, die Namen und Beinamen der Götter insbesondere Homers zu erklären, und ihr Autor tut dies mit einem präzisen Sinn für griechische Religion und unter Heranziehung der gesamten mythischen und dichterischen Überlieferung – eben dies macht ihn zur schier unerschöpflichen Quelle der Späteren.

Allegorese ist dieser nüchternen und streng wissenschaftlichen Philologie fremd – unter den Grammatikern blühte sie nur in Pergamon, dem Konkurrenzinstitut zu Alexandria: ihr Gründer, Krates von Mallos (2. Jh. v. Chr.) ist Stoiker, er hat die Allegorese von der Stoa übernommen, wo sie seit dem Schulgründer Zenon von Kition (ca. 333–262) zu Hause ist. Denn für die Stoa ist der Kosmos ein Gebilde, das vom Logos, der Vernunft, geformt und gelenkt wird. Er muß entsprechend rational erfaßbar sein – Mythen sind, wörtlich genommen, öfters nicht sehr rational, und doch kann man sie nicht über Bord werfen, weil die Autorität der alten Dichter sie stützt: so versteht man sie allegorisch, und kann damit zugleich zeigen, daß die eigene philosophische Lehre im Grunde schon bei Homer angelegt war.

Die stoische Allegorese ist vor allem physikalisch. Zeus etwa ist der αἰθήρ, die feurige Luft, die zuäußerst im Kosmos ist. Dies meint Homer, wenn er den Gott zuoberst auf dem Olymp, dem höchsten Punkt über der Erde, wohnen läßt. Hera ist ἀήρ, die untere Luft – eine Deutung, die auf simpler Umstellung der Buchstaben des griechischen Namens, HPA, zu AHP beruht und bereits Empedokles und Platon geläufig war. So kann man den ganzen Homer erklären; wenn Zeus in *Ilias* XV 18 Hera drohend daran erinnert, wie er sie einst zur Strafe an einer goldenen Kette aufgehängt hat, zwei Ambosse an den Füßen – ›du aber hingst im αἰθήρ und den Wolken‹ –, will der Dichter nicht einen göttlichen Folterakt darstellen: ›in diesen Versen ist die Entstehung des Alls mythologisch ausgedrückt, und in ihnen wird die Reihe der allbekannten Elemente gegeben: ... zuerst der αἰθήρ und danach der ἀήρ und schließlich Wasser und Erde‹. Den αἰθήρ nennt schon Homer, der ἀήρ ist Hera, die schweren Elemente Wasser und Erde bezeichnen die zwei Ambosse. Die goldene Kette aber, an der Hera hängt, bezeichnet die Zone, wo die beiden Luftschichten zusammenkommen und wo die feurige Luft die kalte aufheizt zu goldenem Strahlen – so der Stoiker Herakleitos in seinen *Homerischen Allegorien,* einem kaiserzeitlichen Büchlein, in das viel Früheres zusammenfloß.

Neben der physikalischen treibt die Stoa auch moralische Allegorese. Wie wenig bei solchem Deuten aber auf ein umfassendes System geachtet wurde, zeigt wieder Herakleitos. Hera ist nicht bloß physikalisch die Luft, sie ist auch moralisch ›der Nebel des Unwissens‹: ›wenn

Homer darstellt, wie Hera von Herakles verwundet wird (*Ilias* V 392), will er zeigen, daß Herakles als erster die dicke Luft, die wie ein Nebel über unserem Denken liegt, mit göttlicher Vernunft durchbrach: denn durch seine vielen Ratschläge hat Herakles das Unwissen eines jeden Menschen angeschlagen‹ (*alleg.* 34,2). Heras moralische Ausdeutung setzt die alte physikalische voraus, wie denn diese tatsächlich älter ist als jene; der Heros Herakles aber wird historisierend als großer Mensch, als erster stoischer Philosoph, verstanden (*alleg.* 33,1).

Weitere Möglichkeiten, Mythen allegorisch zu verstehen, eröffnet der Neuplatonismus. Dieser spätantike Fortsetzer der Akademie denkt vor allem die ontologische und eschatologisch-mystische Seite des Platonismus weiter. Die schon bei Platon angelegte Entwertung der sinnlichen Welt wird nun ins Extrem getrieben, und über dieser Welt wird ein mehrfach gestuftes ontologisch-theologisches System errichtet, an dessen Spitze das absolute Eine als höchste Gottheit thront; in mehrfacher Brechung hat allein unsere Seele an jener Welt noch Anteil, und in mystischem Aufstieg versucht der Philosoph, mit seiner Seele jene oberste Gottheit momentan zu erreichen. Die Mythendeutung ist der Philosophie konform: Mythen sind jetzt theologisch (ϑεολογικόν) oder psychologisch (ψυχικόν) zu verstehen, wie eine späte Synthese für ein weiteres Publikum, das Büchlein *Über die Götter* eines Sallustius (aus der Zeit des Kaisers Julian), sich ausdrückt. Sallustius konkretisiert dies an den Deutungen eines Mythos, der jedem Philosophen hat ein Ärgernis sein müssen – und den Platon denn auch verdammt (*rep.* 378 A) –, demjenigen, in dem Kronos seine Kinder verschlingt: theologisch bezeichne Kronos die oberste Gottheit, die identisch sei mit dem Intellekt (νοῦς – dies stand schon in der Allegorese von Derveni); der oberste Gott in seiner Vollkommenheit aber sei in sich selbst geschlossen (wäre er es nicht, so würde er etwas außerhalb seiner selbst benötigen, ein solches Wesen könnte aber nicht vollkommen sein): der Mythos ›drückt verrätselnd das Wesen der Gottheit aus‹. In psychologischer Deutung aber spreche der Mythos vom Denken: ›die Gedanken unserer Seele bleiben auch dann dort, wo sie erzeugt wurden, wenn wir sie zu andern gehen lassen‹ (4).

Damit steht in der späteren Antike ein ganzes Arsenal von hermeneutischen Werkzeugen zur Verfügung, um den Mythos bei aller scheinbaren Anstößigkeit nicht ablehnen zu müssen. Die Verrätselung im oberflächlich anstößigen Bild ist vielmehr eine Herausforderung an den Weisen. Die Christen nehmen dies nicht nur auf, um ihrerseits die heiklen Stellen ihrer Heiligen Schrift zu erklären, sondern auch, um die heidnischen Mythen ohne Schaden akzeptieren zu können – schließlich waren die großen Autoren der griechischen und römischen Literatur auch in christlicher Zeit bald vielgelesene Klassiker und Schulautoren. Und bis an die Schwelle der Neuzeit (und darüber hinaus) leben alle Arten von Allegorese weiter, wenn auch mit gewissen Schwerpunkten – so war während der Renaissance des 12. Jahrhunderts im lateinischen Westen, die ein neues Interesse an den Naturwissenschaften sah, die physikalische Allegorese gefragt, während der Mystizismus der Florentiner Neuplatoniker die theologische und psychologische in den Vordergrund stellte. Zwar lehnte Bernard Fontenelle die Allegorese überhaupt ab: ›es ist sicher, daß die Leute, welche die Fabeln dichteten, nicht imstande waren, Moral und Physik zu verstehen, erst recht nicht, die Kunst zu erdenken, wie man solches Wissen unter entliehenen Bildern verbirgt‹ – man erinnert sich, wie Fontenelle die Mythenschöpfung in der primitiven Frühzeit der Menschheit angesiedelt hatte. Sein Argument fruchtete wenig: noch die Naturmythologen um Max Müller treiben auf ihre Art physikalische Allegorese, Friedrich Creuzer setzt die theologische der Neuplatoniker fort, und noch in diesem Jahrhundert verstand man die *Odyssee* als eine Allegorie auf die Reise der Seele ...

Fontenelle hatte dies vorausgesehen. ›Kann dies‹ – fährt er fort – ›je alle jene aufhalten, die sinnlos in die Antike verliebt sind?‹ Das mag die Neueren treffen, zielt aber doch etwas zu kurz als Motivation für die Allegorese in der Antike. Vielmehr hat diese versucht, dem Mythos seine alte Verbindlichkeit zu erhalten als Aussage über die Welt und die Stellung des Menschen in ihr, als verbindliches Erklärungsmodell für die gesamte menschliche Erfahrung; und sie versuchte dies in einer Zeit, als diese Welt sich stärker verwandelt und verändert hat, als daß die kollektive und traditionelle Erscheinung des Mythos in immer neuem Erzählen sich an die neuen Anforderungen hätte anpassen können. Der in großen und individuellen dichterischen Ausformungen auskristallisierte Mythos hatte seine Flexibilität verloren, und anstatt ihn immer wieder einzuschmelzen und in neue Formen zu gießen, scharten sich die Allegoriker um die erstarrte Form und geheimnißten ihr eigenes Denken deutend in sie hinein.

IX

Quellen und Sekundärliteratur

Die literarischen Quellen

Mythenerzählung gehört zu fast jeder Gattung der griechischen Literatur: es versteht sich, daß hier die einzelnen Werke nicht aufgelistet werden können; jede ausführlichere griechische Literaturgeschichte hilft weiter. Verwiesen sei nur auf die erhaltenen mythographischen Texte:

Apollodorus. The Library, hrsg. v. *J. G. Frazer,* London/Cambridge Mass. 1921 (Loeb Classical Library: Text, engl. Übersetzung, kommentierende Anmerkungen).

Antoninus Liberalis. Les métamorphoses, hrsg. v. *M. Papathomopoulos,* Paris 1968 (Collection Budé: Text, franz. Übersetzung, Kommentar).

Hygini Fabulae, hrsg. v. *H. J. Rose,* Leiden 1933.

Abgekürzt wurden die folgenden Fragmentsammlungen zitiert: FGrHist: Die Fragmente der griechischen Historiker, hrsg. v. *F. Jacoby,* Berlin/Leiden 1927–1958.

PMG: Poetae Melici Graeci, hrsg. v. *D. Page,* Oxford 1962, Supplementum Oxford 1974.

VS: Die Fragmente der Vorsokratiker, griechisch und deutsch von *H. Diels,* hrsg. von *W. Kranz,* 5. Aufl. Berlin 1934–1937 (spätere Aufl. sind ergänzte Nachdrucke).

Die bildlichen Quellen

Seit geometrischer Zeit stehen neben den Texten bildliche Mythendarstellungen; sie nehmen an Umfang und Bedeutung im Verlauf der archaischen Zeit zu und gipfeln in den attisch-rotfigurigen Vasenbildern des 5. Jh. Wichtig sind sie aus zwei Gründen: einmal sind viele griechische

Abb. 10. Herakles und Geras (»Alter«). Attisch-rotfigurige Pelike des Geras-Malers, um 490 v. Chr.

Mythen im Bild früher bezeugt als in der Literatur – so ist von den zwölf Taten des Herakles nur gerade das Kerberosabenteuer literarisch zuerst belegt (Homer, *Il.* VIII 364ff.) –, liegen gelegentlich erste geometrische Darstellung und erste literarische Darstellung in der spätarchaischen Dichtung Jahrhunderte auseinander. Zum andern können die Bilder literarisch unbezeugte Mythen oder Episoden beitragen – hier ergeben sich freilich Deutungsprobleme. Denn einmal drückt sich Mythos privilegiert in Sprache aus, schaffen Bilder ohne Texte oft genug hermeneutische Probleme, auch wenn der Künstler seinen Gestalten ihren Namen beischrieb. Problemlos sind Fälle wie der von Vasenbildern, auf denen Herakles eine ausgemergelte, durch die Beischrift als Γῆρας, »Alter« identifizierte Gestalt überwältigt (Abb. 10) – Variante zu Herakles' Kampf mit dem Tod, Thanatos, den Euripides in der *Alkestis* kennt. Wie die Beischrift nicht alle Probleme lösen kann, mag das Innenbild einer Schale des Duris im Vatikan zeigen: hier hängt aus dem Rachen einer riesigen Schlange, vor der Athena steht, eine leblose, durch die Beischrift als Iason identifizierte Gestalt: man erschloß erst einen tragisch endenden Mythos, in dem der

Argonaute Iason vom Drachen, der das goldene Vließ hütet, verschlungen wird; genauere Betrachtung (Iasons Augen sind geöffnet), das Bekanntwerden vergleichbarer Bilder und die Heranziehung außergriechischer Parallelsagen führte dann zur Deutung, daß Iason, von Athena unterstützt, in den Rachen des Drachen steigt, um ihn von innen zu töten (s. die Abb. auf dem Bucheinband).

Nicht jedes Bild, das nicht nahtlos zu einem Text paßt, ist freilich deswegen eine neue Variante: die Sprache bildlicher Darstellungen hat ihre eigenen Gesetze und Konventionen, die zu beachten sind, nicht nur bei Bildern der geometrischen und früharchaischen Zeit, deren Ikonographie noch immer schwierig ist: ein Maler kann Symmetrie erreichen wollen, indem er Füllfiguren zusetzt, er kann zeitlich und örtlich getrennte Dinge in ein- und dasselbe Bild raffen, er kann schließlich durch sein Medium zu einer anderen Darstellung gezwungen werden (etwa, wenn auf Bildern der Blendung Polyphems die Konvention Profilansicht verlangt, damit aber die Einäugigkeit nicht mehr angegeben werden kann). Schließlich ist nicht jede Darstellung mythisch zu verstehen, da keine ikonographische Trennung der Heroen- und Menschenwelt existiert – nicht jede Eberjagd ist die kalydonische, nicht jeder Abschied nehmende Krieger ist Hektor: methodische Sorgfalt darf hier nur jene Bilder mythisch nennen, die durch Attribute oder Beischriften eindeutig gekennzeichnet sind.

Literatur:

F. Brommer, Vasenlisten zur griechischen Heldensage, 3. Aufl. Marburg 1973; *ders.,* Denkmälerlisten zur griechischen Heldensage, Marburg 1971–1976; Enciclopedia dell'arte antica classica e orientale, Rom 1958–1966; Lexicon Iconographicum Mythologiae Classicae (LIMC), Zürich seit 1981. *K. Schefold,* Frühgriechische Sagenbilder, München 1964; *ders.,* Götter- und Heldensagen der Griechen in der spätarchaischen Kunst, München 1978; *ders.,* Die Göttersage in der klassischen und hellenistischen Kunst, München 1981.

Weiterführende Literatur

Lexika, Handbücher, Nacherzählungen

Y. Bonnefoi (Hrsg.): Dictionnaire des mythologies, Paris 1981.

D. Coenen (Hrsg.): Herder-Lexikon. Griechische und römische Mythologie, Freiburg 1981.

M. Grant: Mythen der Griechen und Römer, Zürich 1964 (engl. Myths of the Greeks and Romans, Ohio/London 1962, 2. Aufl. New York 1964).

M. Grant-J. Hazel: Lexikon der antiken Mythen und Gestalten, München 1976 (engl. Who's Who in Classical Mythology, London 1973).

H. Hunger: Lexikon der griechischen und römischen Mythologie, 6. Aufl. Wien 1969 (1. Aufl. 1953, Taschenbuch Reinbek 1976).

K. Kerényi: Die Mythologie der Griechen, 2 Bde., Zürich 1951. 1958.

L. Preller: Griechische Mythologie, erneuert von *C. Robert,* 4. Aufl. Berlin 1894–1921 (Nachdruck Berlin/Zürich 1964–1967): das umfassendste und wissenschaftlichste nacherzählende Werk.

W. H. Roscher (Hrsg.): Ausführliches Lexikon der griechischen und römischen Mythologie, Leipzig 1884–1937: noch immer unentbehrlich für jede wissenschaftliche Beschäftigung mit den antiken Mythen.

H.J. Rose: Griechische Mythologie. Ein Handbuch, München 1955 (engl. A Handbook of Greek Mythology, London 1928, 5. Aufl. 1953).

R. Tölle: Genealogische Stammtafel der griechischen Mythologie, Hamburg 1967.

E. Tripp (Hrsg.): Reclams Lexikon der antiken Mythologie, 3. Aufl. Stuttgart 1981 (engl. Crowell's Handbook of Classical Mythology, New York 1970).

Einführungen

W. Burkert: Mythos und Mythologie, in: Propyläen Geschichte der Literatur, Bd. I: Die Welt der Antike, Berlin 1981, 11–35.

M. Detienne, L'invention de la mythologie, Paris 1981.

G. S. Kirk: Myth. Its Meaning and Functions in Ancient and Other Cultures, Berkeley/Cambridge 1970. – *Ders.:* Griechische Mythen. Ihre Bedeutung und Funktion, Berlin 1980 (engl.: The Nature of Greek Myths, Harmondsworth 1974).

J. Bremmer (Hrsg.): Interpretations of Greek Mythology, London/Sydney 1987.

L. Radermacher: Mythos und Sage bei den Griechen, Baden bei Wien 1938.

W. Burkert: Mythisches Denken. Versuch einer Definition an Hand des griechischen Befundes, in: Philosophie und Mythos. Ein Kolloquium, hrsg. v. *H. Poser,* Berlin 1979, 16–39.

W. Burkert-A. Horstmann: Mythos, Mythologie, in: Historisches Wörterbuch der Philosophie, Bd. 6, Basel/Stuttgart 1984, 282–318.

Ruth Finnegan: Oral Poetry. Its Nature, Significance, and Social Context, Cambridge 1977.

F. Hampl: Mythos – Sage – Märchen, in: Geschichte als kritische Wissenschaft, Bd. 2, Darmstadt 1975, 1–50.

L. Röhrich: Märchen – Mythos – Sage, in: Antiker Mythos in unseren Märchen, hrsg. v. W. Siegmund, Kassel 1984, 11–35.

KAPITEL I UND II

W. Burkert: Griechische Mythologie und die Geistesgeschichte der Moderne, in: Les études classiques au XIXe et XXe siècles. Leur place dans l'histoire des idées. Entretiens sur l'antiquité classique, Bd. 26, Genf 1980, 159–199.

P. S. Cohen: Theories of Myth, in: Man 4, 1969, 337–353.

B. Feldman – R. D. Richardson: The Rise of Modern Mythology 1680–1860, Bloomington/London 1972.

K. Kerényi: Die Eröffnung des Zugangs zum Mythos. Ein Lesebuch, Darmstadt 1967.

O. Gruppe: Geschichte der klassischen Mythologie und Religionsgeschichte während des Mittelalters im Abendland und während der Neuzeit, Leipzig 1921.

J.-P. Vernant: Raisons du mythe, in: Mythe et société en Grèce ancienne, Paris 1974, 195–250.

J. de Vries: Forschungsgeschichte der Mythologie, Freiburg/München 1961.

KAPITEL I

Zu Heyne: *A. E.-A. Horstmann:* Mythologie und Altertumswissenschaft. Der Mythosbegriff bei Christian Gottlob Heyne, in: Archiv f. Begriffsgesch. 16, 1972, 60–85.

Zu Herder (und Heyne): *C. Hartlich – W. Sachs:* Der Ursprung des Mythosbegriffs in der modernen Bibelwissenschaft, Tübingen 1952; *V. Verra:* Mito, rivelazione e filosofia in J. G. Herder e nel suo tempo, Mailand 1966.

Zu Welcker: *A. Henrichs:* Welckers Götterlehre, in: Friedrich Gottlieb Welcker. Werk und Wirkung, hrsg. v. W. M. Calder III *et al.,* Stuttgart 1986, 179–229.

Zu Schelling: *H. Freier:* Die Rückkehr der Götter. Von der ästhetischen Überschreitung der Wissensgrenze zur Mythologie der Moderne, Stuttgart 1976.

Zu Usener: *H. J. Mette:* Nekrolog einer Epoche. Hermann Usener und

seine Schule, in: Lustrum 22, 1979/80, 5–106; *A. Momigliano* (Hrsg.): Aspetti di Hermann Usener, filologo della religione, Pisa 1982.
Zu Frazer: *B. Malinowski:* Sir James Frazer. A Biographical Appraisal (1942), dtsch. in: B. M.: Eine wissenschaftliche Theorie der Kultur, Frankfurt 1975. *J. B. Vickery:* The Literary Impact of the Golden Bough, Princeton 1973.
Zu Otto: *K. Kerényi:* Walter Friedrich Otto. Erinnerung und Rechenschaft, in: *W. F. Otto:* Die Wirklichkeit der Götter, Reinbek 1963, 144–154.

KAPITEL II

Tiefenpsychologie: Außer den schon im Text genannten Werken von *S. Freud, K. Abraham* und *C. G. Jung* vergleiche noch
O. Rank: Der Mythos von der Geburt des Helden, Wien 1909.
C. G. Jung – K. Kerényi: Das göttliche Kind in mythologischer und psychologischer Beleuchtung, Amsterdam/Leipzig 1940; *dies.:* Das göttliche Mädchen, Amsterdam/Leipzig 1941; verbunden zu *dies.:* Einführung in das Wesen der Mythologie. Gottkindmythos, eleusinische Mysterien, Amsterdam/Zürich 1941.
C. G. Jung – K. Kerényi – P. Radin: Der göttliche Schelm. Ein indianischer Mythenzyklus, Zürich 1954.
Mythos und Ritual: *W. Burkert:* Homo Necans, Berlin 1972; *ders.:* Structure and History in Greek Mythology and Ritual, Berkeley/London 1979.
J. Fontenrose: The Ritual Theory of Myth, Berkeley/Los Angeles 1966.
H. S. Versnel: Gelijke monniken, gelijke kappen: Myth and Ritual, oud en nieuw, in: Lampas 17, 1984, 194–246.
Strukturalistische Anthropologie: Bibliographie der Arbeiten von Lévi-Strauss im Anhang zu *C. Lévi-Strauss:* Rasse und Geschichte, Frankfurt 1972.
R. und L. Makarius: Structuralisme ou éthnologie? Pour une critique radicale de l'anthropologie de Lévi-Strauss, Paris 1973.
B. Nathorst: Formal or Structural Studies of Traditional Tales. The Usefulness of some Methodological Proposals Advanced by V. Propp, A. Dundes, C. Lévi-Strauss and E. Leach, Stockholm 1969.
A. Neschke-Henschke: Griechischer Mythos und strukturalistische Anthropologie, in: Poetica 10, 1978, 135–153.
L. L. Thomas, J. Z. und D. B. Kronenfeld: Asdiwal Crumbles. A Critique of Lévi-Straussian Myth Analysis, in: American Ethnologist 3, 1976, 147–173.
Pariser Schule: Myth, Religion and Society. Structuralist Essays by M. Detienne, L. Gernet, J.-P. Vernant, And P. Vidal-Naquet, hrsg. v. *R. L. Gordon,* Cambridge/Paris 1981.
Dumézil: *C. S. Littleton:* The New Comparative Mythology. An An-

thropological Assessment of the Theories of Georges Dumézil, Berkeley 1966.

KAPITEL III

F. Bader: Rhapsodies homériques et irlandaises, in: Recherches sur les religions de l'antiquité classique, hrsg. v. R. Bloch, Paris/Genf 1980, 9–83.
J. N. Bremmer: Heroes, Rituals, and the Trojan War, in: Studi Storico-Religiosi 2, 1978, 1–38.
J. Cobet: Gab es den Trojanischen Krieg? in: Antike Welt 14: 4, 1983, 39–58.
J. N. Coldstream: Geometric Greece, London 1977.
A. Dihle: Homer-Probleme, Opladen 1970.
M. Durante: Sulla preistoria della tradizione poetica greca, Rom 1971–1976.
M. I. Finley – J. L. Caskey – G. S. Kirk – D. L. Page: The Trojan War, in: Journal of Hellenic Studies 84, 1964, 1–20.
F. Hampl: Die Ilias ist kein Geschichtsbuch, in: Geschichte als kritische Wissenschaft, Bd. 2, Darmstadt 1975, 51–99.
A. Heubeck: Die homerische Frage. Ein Bericht über die Forschung der letzten Jahrzehnte, Darmstadt 1974; weitergeführt in: Gymnasium 89, 1982, 385–447.
U. Hoelscher: The Transformation from Folk-Tale to Epic, in: Homer. Tradition and Invention, hrsg. v. B. Fenik, Leiden 1978, 51–67.
J. Th. Kakridis: Homeric Researches, Lund 1949.
G. S. Kirk: The Songs of Homer, Cambridge 1962 (gekürzte Taschenbuchausgabe: Homer and the Epic, Cambridge 1965).
W. Kullmann: Die Quellen der Ilias, Wiesbaden 1960.
M. P. Nilsson: The Mycenaean Origin of Greek Mythology, Berkeley 1932.
W. F. Otto: Die Götter Griechenlands, 2. Aufl., Frankfurt 1934.
K.-E. Petzoldt: Die Meleagros-Geschichte der Ilias, in: Historia 25, 1976, 146–169.
A. Snodgrass: Archaic Greece. The Age of Experiment, Berkeley 1980.
E. T. Vermeule: Mythology in Mycenaean Art, in: Classical Journal 54, 1958/59, 97–108.

KAPITEL IV

Hesiod. Theogony, hrsg. v. *M. L. West,* Oxford 1966.
W. Burkert: Orpheus und die Vorsokratiker, in: Antike und Abendland 14, 1968, 93–114.
Hesiod, hrsg. v. *E. Heitsch*, Darmstadt 1966.
G. S. Kirk – J. E. Raven – M. Schofield: The Presocratic Philosophers, 2. Aufl. Cambridge 1983.
J. Rudhardt: Le mythe hésiodique des races et celui de Prométhée, in: Du

mythe, de la religion grecque et de la compréhension d'autrui, Genf 1981, 245–281.
H. Schwabl: Weltschöpfung, in: Pauly-Wissowa, Suppl. Bd. 9, Stuttgart 1962, 1433–1582.
J.-P. Vernant: Le mythe prométhéen chez Hésiode, in: Mythe et société en Grèce ancienne, Paris 1974, 177–194.
M. L. West: The Orphic Poems, Oxford 1983.
Zum Orient: Ancient Near Eastern Texts Relating to the Old Testament, hrsg. v. *J. B. Pritchard*, 3. Aufl., Princeton 1969.
V. Haas: Hethitische Berggötter und hurritische Steindämonen, Mainz 1982.
J. Siegelova: Appu-Märchen und Hedammu-Mythus, Wiesbaden 1971.
P. Walcot: Hesiod and the Near East, Cardiff 1966.

KAPITEL V

W. Burkert: Griechische Religion der archaischen und klassischen Epoche, Stuttgart 1977.
Ph. Bruneau: Recherches sur les cultes de Délos à l'époque hellénistique et à l'époque impériale, Paris 1970.
H. Gallet de Santerre: Délos primitive et archaïque, Paris 1958.
A. Henrichs: Human Sacrifice in Greek Religion. Three Case Studies, in: Le sacrifice dans l'antiquité. Entretiens sur l'antiquité classique Bd. 27, Genf 1981, 195–235.
C. Sourvinou-Inwood: The Myth of the First Temples at Delphi, in: Classical Quarterly 29, 1979, 231–251.

KAPITEL VI

P. Cartledge: Sparta and Laconia, London 1979.
M. I. Finley: Myth, Memory, and History, in: The Use and Abuse of History, London 1975, 11–33 (urspr. 1965).
K. von Fritz: Die Griechische Geschichtsschreibung, Berlin 1967.
D. P. Henige: The Chronology of Oral Tradition. Quest for a Chimera, Oxford 1974.
H. Herter: Theseus, in: Pauly-Wissowa, Suppl. Bd. 13, München 1973, 1045–1238.
F. Lasserre: L'historiographie grecque à l'époque archaïque, in: Quaderni di storia 2:4, 1976, 113–142.
F. Prinz: Gründungsmythen und Sagenchronologie, München 1979.
H. Strasburger: Homer und die Geschichtsschreibung, in: Sitzungsberichte Akad. Heidelberg 1972, Heft 1.
M. L. West: The Hesiodic Catalogue of Women, Oxford 1985.

KAPITEL VII

W. Burkert: Greek Tragedy and Sacrificial Ritual, in: Greek, Roman and Byzantine Studies 7, 1966, 87–121.

ders.: Die Absurdität der Gewalt und das Ende der Tragödie. Euripides Orestes, in: Antike und Abendland 20, 1974, 97–109.

Euripide. Entretiens sur l'antiquité classique Bd. 6, Genf 1960.

K. von Fritz: Die Orestessage bei den drei großen griechischen Tragikern, in: Antike und moderne Tragödie, Berlin 1962, 113–159.

A. Köhnken: Die Funktion des Mythos bei Pindar. Interpretationen zu sechs Pindargedichten, Berlin 1971.

ders.: Pindar as Innovator. Poseidon Hippios and the Relevance of the Pelops Story in Olympian 1, in: Classical Quarterly 24, 1974, 199–206.

A. Lesky: Die tragische Dichtung der Hellenen, 3. Aufl., Göttingen 1972.

K. Reinhardt: Die Sinneskreise bei Euripides, in: Die Krise des Helden, München (dtv) 1962, 19–51 = Euripides, hrsg. v. *E.-R. Schwinge,* Darmstadt 1968, 507–542 (urspr. 1953).

B. Snell: Mythos und Wirklichkeit in der griechischen Tragödie, in: Die Entdeckung des Geistes, 4. Aufl. Göttingen 1975, 95–110 (urspr. 1946).

A. D. Trendall – T. B. L. Webster: Illustrations of Greek Drama, London 1971.

B. Vickers: Towards Greek Tragedy, London 1973.

KAPITEL VIII

F. Buffière: Les mythes d'Homère et la pensée grecque, Paris 1956.

H. Dörrie: Der Mythos und seine Funktion in der antiken Philosophie, in: Innsbrucker Beitr. z. Kulturwissenschaft. Dies Philologici Aenipontani 2, 1972.

P. Frutiger: Les mythes de Platon, Paris 1930.

A. Henrichs: Three Approaches to Greek Mythography, in: *J. Bremmer* (Hrsg.): Interpretations of Greek Mythology, London/Sydney 1987, 242–277.

G. B. Kerferd: The Sophistic Movement, Cambridge 1981.

J. Pépin: Mythe et allégorie. Les origines grecques et les contestations judéo-chrétiennes, Paris 1958.

H. Rahner: Griechische Mythen in christlicher Deutung, Zürich 1957.

J. S. Rusten: Dionysius Scytobrachion, Opladen 1982.

M. van der Valk: On ›Apollodori Bibliotheca‹, in: Revue des études grecques 71, 1958, 100–168.